CB143308

Sabiniano Maia
João Pessoa, 30/05/2018.

MARIA MADALENA E O ROMANO

A HISTÓRIA DE UM LEGIONÁRIO QUE CONHECEU MARIA MADALENA

EDITORA EME

Solicite nosso catálogo completo, com mais de 350 títulos, onde você encontra as melhores opções do bom livro espírita: literatura infantojuvenil, contos, obras biográficas e de autoajuda, mensagens espirituais, romances, estudos doutrinários, obras básicas de Allan Kardec, e mais os esclarecedores cursos e estudos para aplicação no centro espírita - iniciação, mediunidade, reuniões mediúnicas, oratória, desobsessão, fluidos e passes.

E caso não encontre os nossos livros na livraria de sua preferência, solicite o endereço de nosso distribuidor mais próximo de você.

Edição e distribuição

EDITORA EME

Caixa Postal 1820 – CEP 13360-000 – Capivari-SP

Telefones: (19) 3491-7000 | 3491-5449

Vivo (19) 99983-2575 | Claro (19) 99317-2800 | Tim (19) 98335-4094

vendas@editoraeme.com.br – www.editoraeme.com.br

MARCO ANTÔNIO VIEIRA

MARIA MADALENA E O ROMANO

A HISTÓRIA DE UM LEGIONÁRIO QUE CONHECEU MARIA MADALENA

Capivari-SP
- 2017 -

© 2017 Marco Antônio Vieira

Os direitos autorais desta obra são de exclusividade do autor.

A Editora EME mantém o Centro Espírita "Mensagem de Esperança" e patrocina, junto com a Prefeitura Municipal e outras empresas, a Central de Educação e Atendimento da Criança (Casa da Criança), em Capivari-SP.

1ª edição - dezembro/2017 - 3.000 exemplares

CAPA | André Stenico
PROJETO GRÁFICO E DIAGRAMAÇÃO | Marco Melo
REVISÃO | Editora EME

Ficha catalográfica

Vieira, Marco Antônio, 1961
Maria Madalena e o romano / Marco Antônio Vieira - 1ª ed. dezembro 2017 - Capivari, SP: Editora EME.
240 p.

ISBN 978-85-9544-038-8

1. Romance espírita. 2. Primeiros cristãos.
3. Dom de cura. 4. Maria Madalena.
I. TÍTULO.

CDD 133.9

SUMÁRIO

Para as minhas grandes mestras:
Isabel Rodrigues, Maria do Carmo Paz, Eliete Rosa, Mabel Farias e Sophia Vieira.
E para todas as mães, esposas, irmãs e filhas do Universo...

PALAVRAS INICIAIS

APÓS MARIA, A MÃE de Jesus, Maria Madalena (ou Maria de Mágdala), é a mulher nominalmente mais citada entre todas as outras mulheres mencionadas nos quatro evangelhos sinóticos[1] (Mateus, Marcos, Lucas e João).

Na longuíssima esteira dos séculos que construíram as tradições culturais-históricas cristãs, Maria Madalena, por intermédio de vários conceitos – e, também, preconceitos –, foi refletida em imagens distorcidas em meio a interpretações, simbolismos e signos diversos, nem sempre honrosos, que acompanharam a própria história do cristianismo.

A principal intenção do livro é a de contribuir no processo de resgate da imagem e, ao mesmo tempo, colaborar na compreensão um pouco mais aprofundada daquela que foi, na opinião do autor, a discípula mais fiel de Jesus.

O livro pretende ser, também, uma singela homenagem à *apóstola* dos apóstolos, modesto tributo mergulhado na mais

---

1. Do grego *synoptikós* – Foram os quatro autores escolhidos pela Igreja Católica Romana, quando da sua organização inicial.

profunda gratidão e envolto pelo sublime perfume do amor fraterno e cristão.

O mesmo está dividido em duas partes distintas, porém, complementares. A primeira parte é uma narrativa, uma história inspirada[2] (em um momento inusitado - em meio a um engarrafamento que durou horas, em pleno verão carioca de 40º, na descida da ponte Rio-Niterói - e plagiando Paulo de Tarso, *... se dormindo não sei, se acordado não sei...*). Por meio da narrativa é apresentada a personagem principal - o soldado romano *Aelius Varus* –, que durante sua vida no século I, teve um breve contato com Maria Madalena.

E a segunda parte do livro, tão importante quanto a primeira, é a materialização de algumas reflexões que se deseja compartilhar com os prováveis leitores.

Ilações que foram geradas no processo (ou seja, antes, durante e depois) de uma pesquisa realizada no decorrer de quatro anos, em busca de algumas respostas (todas elas provisórias).

A pesquisa foi baseada em argumentos históricos e culturais que sempre são instrumentos úteis na construção de possíveis (e muitas vezes necessárias) novas abordagens, novos problemas e novas perspectivas, aqui relacionadas à personagem Maria Madalena. Investigação que foi motivada, principalmente, pelo convite feito ao autor para uma palestra na *Casa Maria de Magdala*[3], que fica localizada no bairro Sapê, em Niterói-RJ.

Considera-se, ainda, que este livro propõe, após as devidas análises e as sínteses, um exercício de revisão de ideias e de conceitos que dizem respeito à personagem central, a grande incompreendida da história cristã.

2. Vide o cap. XV de *O Livro dos Médiuns*, de Allan Kardec.
3. Para maiores informações visite o site da instituição: www.casamariademagdala.org

Sem perder de vista as bases conceituais da doutrina dos espíritos, codificada por Allan Kardec, este livro é, em seu conjunto, um convite às novas meditações que, certamente, instigarão as mentes dos leitores.

Quanto às possíveis conclusões[4] a respeito daquela mulher que viveu em passado longínquo e que conviveu com Jesus, ficarão todas por conta de cada consciência.

O autor
Niterói-RJ, primavera de 2016.

4. Que devem sempre ser "relativizadas" quando se trata do terreno movediço (e, às vezes, "pantanoso") da História da Humanidade

Primeira parte

I – O ROMANO

ROMA, A CIDADE DAS sete colinas, sempre perfumada pelos jasmins, para o deleite e orgulho do patriciado.

Aelius Varus nasceu no último ano do governo do imperador Tiberius[5], na cidade eterna - que, naqueles tempos, era percebida pelos próprios romanos como a maior e a mais bela região do mundo.

Seus pais eram patrícios, romanos sem mancha, eram filhos e netos legítimos de romanos. Pela linha paterna suas origens pertenciam a tradicional, porém não aristocrática, *gen* romana dos *Varus,* com alguns parentes de certa importância na política, na justiça e na vida militar.

Os Varus viviam em confortável domus[6] romano localizado na famosa via Ápia, a rainha das vias, não muito distante do grande centro. A residência fora herdada dos avós paternos e pertencia à família há muito tempo. Era apenas mais uma entre muitas outras propriedades da família.

5. Tibério Cláudio Nero César (em latim *Tiberius Claudius Nero Cæsar*; 16 de novembro de 42 a.C. - 16 de março de 37 d.C.), foi imperador romano de 18 de setembro de 14 até a sua morte, a 16 de março de 37.

6. Residência de grande porte, destinada às pessoas de posses.

O menino Aelius cresceu sob os cuidados dos seus pais, cercado por escravos domésticos e durante toda a sua infância não conheceu a necessidade ou o desgosto.

Com o passar dos anos outras duas crianças nasceram naquela família, compondo assim o núcleo central de almas afins naquela experiência terrestre.

O *pater familiae* Lucius Publius Varus, era decurião reconhecido e respeitável, prestes a ser nomeado centurião.

A mãe, Lúcia Flavinia, era o retrato fiel da tradicional matrona romana, se preocupava mais com as modas e com as festas.

E a vida da família patrícia seguiu caprichosamente, como pensavam e repetiam: "abençoada pelos deuses".

Quando Aelius atingiu a idade que, de acordo com as tradições romanas, separava a adolescência da juventude adulta, aos 16 anos, houve farta comemoração familiar, na qual o jovem recebeu a sua *toga viril*[7].

Entretanto, aqueles eram anos conturbados, sob o império do perturbado, instável e estranho Nero[8].

Contudo, a vida parecia mesmo correr tranquilamente na casa dos Varus, até que a deusa Fortuna mudou o destino.

O anúncio foi feito, com certa formalidade, pelo pai de Aelius em breve reunião familiar:

- Hoje recebi novas ordens vindas do Senado e assinadas pelo Tribuno, faremos uma viagem. Ordens são para se-

7. Momento no qual o adolescente recebia a vestimenta de "jovem adulto"; espécie de rito de passagem para os meninos que ocorria por volta dos quinze anos de idade e quando ele deixava de ser considerado "criança".

8. Nero foi imperador entre 54 d.C. e 68 d.C.

rem cumpridas e não questionadas. Iremos para a Província da Judeia.

No mesmo ano em que Aelius completara os seus dezesseis anos, pouco tempo após as comemorações nas quais recebera, feliz e orgulhoso, a sua toga viril e quando sonhava com novos e interessantes projetos de vida, chegou à sua casa a notícia bombástica. Para a sua total infelicidade a família seria enviada para a província da Judeia.

Lucius Varus, era decurião fiel e muito experiente que desfrutava da maior confiança dos seus superiores. E, há mais de vinte anos, servia ao *Imperium Romanorum*, como militar de carreira exemplar, fazendo parte das famosas, imbatíveis e belicosas *Legiões Romanas*.

A transferência se dava, principalmente, pelo motivo de aquela região apresentar, naqueles tempos conturbados, graves sinais de rebeldia contra o Império. O deslocamento de tropas romanas para a região aumentava a cada dia.

Ainda não haviam se passado duas décadas completas da crucificação de certo galileu rebelde, que, diziam alguns fanáticos religiosos daquela região, ser uma "divindade encarnada"'.

Aquele acontecimento, cujas parcas notícias chegaram à capital totalmente deturpadas, se tornou motivo de piadas e de chacotas. Algumas línguas peçonhentas entre os legionários, diziam:

– O melhor pedestal para uma divindade não-romana é a cruz... servindo de repasto para os urubus...

O jovem e egocêntrico Aelius, diante daquela má notícia, experimentou uma grande perturbação interior, pois teria que deixar seus melhores amigos, seus sonhos e seus amores juvenis.

Obviamente, pelos costumes patrícios, ele era forçado a obedecer e seguir as ordens do seu genitor e senhor.

E, de acordo com a sua vaidosa e frívola mãe, Lúcia Flavinia:

- Esta nomeação deve, sim, ser alguma maldição dos deuses. Ser enviado para aquele "pedaço do inferno, esquecido pelos deuses no meio do nada", só podia ser um castigo dos deuses.

Assim também pensava o arrogante adolescente romano, acostumado com as mordomias da capital e desacostumado com as dificuldades da vida. E concordando com sua mãe repetiu:

- Com certeza, minha mãe, as divindades romanas deviam estar muito aborrecidas com a nossa família.

A matrona romana e seu filho mais velho pensavam que, para qualquer legionário honrado, nada podia ser pior do que ser afastado da capital do Império.

Mas, no caso de Lucius Varus, o *pater familiae*, aquela transferência para a província distante lhe traria algumas vantagens, antes mesmo de findar a sua longa carreira militar.

Entre outras vantagens, lhe era ofertada, naquela situação, uma promoção imediata, Lucius seria nomeado centurião, antes mesmo de sua viagem. Obviamente, como novo centurião nomeado por ordem do Senado Romano, não poderia (nem deveria) desobedecer às ordens e determinações dos seus superiores hierárquicos.

Também lhe foi prometida uma fazenda em região próxima à capital do Império, com pelo menos três dezenas de escravos da sua escolha. O chefe da família, tentando acomodar os comportamentos exaltados da esposa e do filho mais velho, informou:

- De acordo com o documento senatorial, o meu serviço como centurião naquela província não passaria de um lustro[9]. E quando retornarmos serei imediatamente aposentado das Legiões, em reconhecimento aos muitos anos de bons serviços prestados ao Império.

---

9. Cinco anos.

E, ainda que intimamente um pouco contrariado, por causa da reação da esposa e do filho mais velho, Lucius admitia que aquela situação fosse mesmo coisa do destino. Além do mais, pensava consigo mesmo, seu tempo nas fileiras romanas estava chegando ao fim, no máximo, mais meia década, como previa a lei e os costumes.

Além de tudo, mesmo que geograficamente distante, ele não perderia seus importantes contatos políticos e militares na capital do Império. Valendo-se dos mesmos contatos influentes sempre que fossem necessários afinal, muitos eram os que lhe deviam inúmeros favores na capital.

A promoção foi confirmada algumas semanas depois e, alguns meses depois, a família atravessou o Mare Nostrum[10] em direção ao seu destino: ***Jerusalém.***

AO CHEGAREM A JERUSALÉM a família Varus foi recebida pelos oficiais locais, com o devido respeito e cerimonial, e logo foi encaminhada para a nova morada, em uma vila construída no estilo romano, localizada em uma área habitacional destinada aos militares e oficiais romanos, que não ficava muito distante da Fortaleza Antonia[11].

E, em menos de uma semana, a família já estava devidamente instalada e acomodada.

Todos os objetos trazidos da capital ficaram ao encargo dos escravos domésticos, e quatro deles acompanharam a família Varus desde Roma.

Algum tempo depois, naquela nova vivenda da família,

10. Mar Mediterrâneo.

11. Construção militar romana anexa ao Templo de Salomão.

um velho preceptor grego, de nome Tércio, foi contratado para colaborar na educação formal dos dois jovens irmãos, Aelius e Caius - este último era quatro anos mais novo.

E o preceptor grego logo percebeu que não era fácil lidar com os dois jovens senhores romanos e seus respectivos egos inflados.

A educação da caçula, a menina Priscila, então com cinco anos de idade, ficaria por conta de sua própria genitora, que seria auxiliada diretamente pelas amas mais confiáveis.

Aproximadamente dois anos após a chegada da família patrícia naquela região "calorenta e antipática" - como definiam os Varus -, o jovem Aelius pediu permissão ao seu pai para se alistar nas tropas de Roma.

Em conversa acalorada com o seu genitor, Aelius dizia que este era o seu maior desejo desde a infância para acompanhar a história da família - pois seu avô paterno, Marcus Aurelius, também havia sido um legionário.

O pedido foi recebido com alegria pelos seus pais, e era natural que assim fosse, o jovem Aelius também queria ser mais um homem da família a seguir os preceitos básicos das Legiões de Roma: *Virtus, pietas, fides*[12].

E assim, sob a tutela de seu pai e com a proteção de seu patrono de nome Marcianus, um antigo amigo que a família Varus reencontrou na Judeia, aos dezoito anos de idade, após os rituais de entrada e recepção simbólica do escudo e do gládio, o jovem legionário foi apresentado.

Sob os estandartes e flâmulas das duas principais Legiões romanas naquela região a "Legio Ferrata" e a "Legio Gallica" - cujas funções principais de ambas, entre outras, eram o total controle e a mais completa submissão da velha Palestina dominada -, o jovem Aelius foi oficialmente incorporado à força romana de guerra.

12. Disciplina, respeito e fidelidade.

As Legiões romanas, por costume, possuíam entre os seus símbolos especiais, geralmente desenhado em um, ou vários de seus estandartes: "A Loba"[13].

A loba representava as origens culturais de Roma, quando os irmãos Rômulo e Remo foram adotados, amamentados e protegidos. O mito que deu origem à história daquele povo que se tornaria o maior e mais organizado Império do mundo antigo.

Ao mesmo tempo, o lobo era o animal de estimação do deus Marte, o senhor da guerra.

E foi sob o estandarte da Loba e após um ano de pesados treinamentos militares, que Aelius Varus fez o seu juramento final de:

- Seguir seus comandantes, sem temer qualquer inimigo e respeitar a lei romana.

ALGUM TEMPO DEPOIS...

Devido a sua grande dedicação aos ideais patrícios, associada à invejável capacidade física e disposição mental, o jovem Aelius Varus rapidamente ascendeu na carreira militar, pois, apenas seis anos após o seu ingresso naquela Corte Romana, fora nomeado e promovido à função de decurião[14], para o orgulho da sua tradicional família, cujas raízes genealógicas mais profundas eram oriundas da velha tribo Licínia.

O jovem Aelius seguia, a passos largos, a carreira militar do seu pai, Lucius Varus, bem como os do seu avô paterno,

13. A loba representava a origem de Roma. O lobo também era um animal de Marte, o deus da guerra.

14. Corresponde ao que seria um "oficial de cavalaria" que também podia participar da administração local.

Marcus Varus, que também havia sido membro da gloriosa Legião de Roma.

Ao mesmo tempo, Aelius se preparava, física e mentalmente, para galgar postos mais elevados, como o cargo de centurião, que era objeto de seus desejos e sonhos mais íntimos. E, quem sabe, se tornar um general, um comandante, no futuro?

Entre os seus pares, Aelius ficou conhecido como líder nato, capaz de qualquer feito para manter a ordem, segundo a perspectiva romana.

Sua liderança firme e intransigente para com os nativos daquela região, logo ficou conhecida em Jerusalém e adjacências.

Os raros judeus que dele se aproximavam - ou tentavam se aproximar -, o faziam por mero interesse pelo poder, por bajulação, com seus presentes e suas oferendas diversas ou, ainda, por simples temor, porque ninguém desejava, em sã consciência, tê-lo por inimigo declarado.

Com o passar do tempo, Aelius também alimentou o seu preconceito em relação ao povo hebreu, considerando-o "inferior, de segunda categoria e sem valor algum". Pare ele, os judeus, sem distinções regionais, eram gente supersticiosa, gananciosa e louca, que, entre outras coisas, rendia tributos a um único deus invisível e sem nome, coisa de gente tola e ignorante.

Seguindo o exemplo do próprio pai, a fidelidade de Aelius a Roma era total e pensava que para os inimigos do império o melhor castigo era, sim, a pena capital.

Para ele, todo e qualquer inimigo de Roma devia sempre ser sumariamente eliminado, devia ser morto de forma exemplar, de modo a inibir futuras e possíveis tentativas desafiadoras.

Naqueles dias de muita tribulação ainda corriam por toda aquela região, de norte a sul, as histórias narradas a respeito de certo carpinteiro galileu, considerado rebelde e revolucionário e que fora, de acordo com Aelius, devidamente eliminado, em nome do Império, por meio da infamante crucificação.

Para Aelius era curioso como tal fenômeno ainda causava espanto em algumas gentes, pois, já haviam se passado vários anos daquele evento, mas a história persistia.

Conforme a narrativa de alguns legionários mais antigos naquela região, após a crucificação daquele galileu, os seguidores do mesmo ainda eram encontrados em maior quantidade no norte da Palestina, ao redor do mar da Galileia, região bastante perigosa para os romanos.

Contudo, o jovem decurião Aelius considerava todas aquelas histórias como mera alegoria fantástica de um povo miserável, esfomeado e destituído de esperanças. Para ele aquele era um aglomerado de gente enlouquecida pelo calor insuportável, pela fome e pela adoração de um deus invisível, sem nome e fraco.

Pensava, ainda, o jovem decurião que, entre as causas da loucura coletiva dos fracos judeus, além do calor tórrido que fazia em certas épocas do ano, somava-se a falta de perspectivas àquele povo desvairado, pois, além de terem sido escravizados por duas vezes em sua infeliz existência, agora se achava sob o jugo de Roma.

Contudo, pensava ele, os altos impostos que eram pagos pelos governantes hebreus, como tributo ao Império, valia o desconforto. O próprio Procurador romano Floro já era bem conhecido dos judeus por sua ganância e impostos exorbitantes.

Obviamente, parte substanciosa dos impostos arrecadados em Jerusalém, em especial os oriundos do Grande Templo, era dividida entre os chefes militares, que ali estavam e Aelius era um funcionário de Roma e também recebia a sua respectiva parcela. E pensava consigo:

– Eles que ficassem lá com aquele deus sem nome, desde que continuassem a pagar os tributos e não entrassem no seu caminho.

Diariamente Aelius dava graças aos deuses de Roma por ter nascido romano e não um daqueles *vermes infelizes*.

II – Destinos cruzados

COM O PASSAR DO tempo Aelius, o severo decurião romano, aprendeu a conhecer a cidade de Jerusalém - e seu entorno -, como a palma da sua própria mão. Cada rua, cada viela, cada recanto daquela vila empoeirada e quente estava sob os seus olhos de águia. Cada parte da velha cidade era avaliada conforme a sua medida e lealdade inquestionável ao Império.

Certo dia, enquanto vasculhava com seu grupamento de soldados as ruas, sempre com o semblante sério e invariavelmente desconfiado, entre as muitas barracas de vendedores das feiras, deparou-se com um velho hebreu, vendedor de verduras e hortaliças que estava acompanhado por um menino que, segundo aparentava, ainda não havia atingido a plena adolescência.

Os olhos do ancião cruzaram, por um segundo, com os do chefe militar, o velho judeu, em atitude impensada, virou o rosto para o lado e cuspiu no chão[15].

Bastou este pequeno gesto para que Aelius voasse, como

15. Na antiga cultura judaica tal atitude representava, entre outras coisas, "asco, desprezo, nojo", entre outras possibilidades pejorativas.

uma águia faminta e feroz, em direção à sua presa, no que fora seguido de perto por seus soldados truculentos.

Ao perceber o perigo, o velho tentou se levantar, pois estava agachado e recostado em uma parede, tendo diante de si uma grande cesta de palha contendo alguns legumes, algumas hortaliças e poucas frutas.

Antes que conseguisse ficar de pé, agora com os olhos amedrontados e voltados para o chão e grandemente arrependido pelo ato infeliz, o velho foi agarrado e erguido com violência pelo próprio Aelius que, suando e arfando, cheio de ódio a lhe vazar pelos olhos, gritou enfurecido, enquanto prendia e sacudia o velho pela velha túnica rota:

– Como ousas animal estúpido? Por que olhas para mim com desprezo, criatura fétida e inferior? O que te faz pensar que podes cometer tal infâmia? Pensas que não sei o que significa esta atitude entre os da sua raça animalesca?

E levantando com brutalidade o esquálido ancião começou a apalpar suas roupas, dizendo em tom agressivo:

– Vamos ver o que carregas debaixo desses trapos imundos, além dos teus ossos podres, neste corpo de verme envelhecido? Algum punhal? És mais um destes sicários[16] covardes, desprezíveis e miseráveis?

O frágil velho tremia dos pés à cabeça, o suor começou a sair abundante de todo o seu corpo envelhecido, porque sabia que, naquele momento e naquela delicada situação, qualquer que fosse a sua reação, fosse por palavras ou por gestos, redundaria em punição severa ali mesmo, diante da turba alvoroçada que já se formava, curiosa e temerosa, ao redor.

O ancião também temia pela segurança do seu amado netinho que ficou apavorado diante do ocorrido. E, o velho pensa-

16. Os sicários eram "terroristas" armados com punhais que se misturavam ao povo, eram inimigos ferozes dos romanos.

va aflito, se tivesse sorte, somente seria espancado e esquecido na via pública.

O menino que acompanhava a pouca distância a má sorte do seu velho avô judeu, parecendo um pequenino coelho assustado, com seus olhos arregalados e com a respiração ofegante, escondeu-se rapidamente sob uma bancada de vasos de cerâmica.

O jovem não conseguia conter as lágrimas, uma mistura de medo e de raiva, que minavam de seus olhos estupefatos e com o cérebro latejante. Lágrimas aos borbotões que rolavam pela face juvenil, sem entender a causa exata daquela reação tão violenta.

Após erguer o trêmulo velhote, Aelius o sacudiu como um fantoche esquálido e apalpou o corpo alquebrado e desgastado daquele infeliz homem à procura de qualquer arma ou objeto que o incriminasse.

Não encontrando nada que pudesse lhe servir de motivo para outra punição exemplar, esbofeteou o ancião e o atirou com toda força sobre a parede de pedras que se achava diante de ambos.

O velho judeu, agora com as narinas e a boca ensanguentadas, atordoado rolou pelo chão, como se fora um monte de panos velhos embolados, com a sua cabeça latejando e da qual agora também descia um filete de sangue misturado ao suor vasto que lhe banhava o corpo inteiro. Os cotovelos e joelhos ralados também lhe ardiam como fogo. Contudo, nada lhe doía mais que o velho orgulho judeu.

O jovem rapaz, em um ato tresloucado, mescla de desespero e ódio, ao ver o decrépito avô naquele lastimável estado e sem medir as consequências da sua malfadada reação, ergueu-se e correu em direção ao covarde líder romano, que agora ria do velhote caído na poeira.

Com espantosa velocidade e sem ser percebido de imediato pelo decurião Aelius e por seus soldados, vindo pelas costas do patrício romano, o menino desferiu um certeiro chute que atingiu o orgulhoso decurião entre as pernas.

A pancada na região genital fez o romano gemer e curvar-se para frente, tamanha foi a força desferida na certeira canelada.

Imediatamente, e percebendo a falha na segurança que poderia ter sido fatal, os soldados agarraram e atiraram ao chão o pobre menino que esperneava, gritava e chorava ao mesmo tempo.

Aelius contraiu o cenho, ainda pela dor aguda e, agora diante do menino que foi firmemente seguro por seus gorilas fardados, aproximou-se lentamente e com os olhos vazados do mais puro ódio.

Seus seguidores sabiam que a reação do líder seria terrível, era possível sentir no ar a presença do mal que lhe brotava da alma cruel.

O velho hebreu, sabendo que seu pequeno neto corria perigo de vida, real e imediato, atirou-se aos pés do decurião, que agora mirava o pequeno com os olhos embebidos na mais pura maldade que lhe ardia no coração.

Implorando que perdoasse o menino, o velho judeu se ofereceu em sacrifício, pois, bradava o ancião, que ele era jovem e imaturo e não sabia o que estava fazendo. Chorava e implorava o velho hebreu:

– Piedade, meu senhor. Piedade para o meu neto. Ele é apenas uma criança. Puna-me no lugar dele. Leve-me para a sua prisão, meu senhor. Deixe-o viver, por misericórdia. Eu lhe imploro.

Ainda se recuperando do choque inesperado, Aelius desferiu um chute violentíssimo no rosto do velho, assim se desvencilhando do abraço indesejado em suas pernas.

Ao se aproximar do menino, olhou-o com profundidade

malévola nos olhos. O menino, mesmo seguro pelos soldados, ainda tentou chutar novamente o decurião e cuspiu-lhe no rosto, cheio de raiva.

Aelius ordenou que imobilizassem o menino no chão. Pisou sobre a perna esquerda do jovem hebreu que mal conseguia respirar, preso pelos fortes guardas, e devido ao choro convulsivo.

E sem dizer qualquer palavra, o decurião romano desembainhou o seu gládio, que era sempre mantido afiado, erguendo-o sobre a própria cabeça.

O suor escorria farto pelo rosto congestionado de raiva e cheio de desprezo. O coração batia-lhe forte no peito e a sua respiração era ofegante e entrecortada. Suas têmporas latejavam e pareciam querer implodir-lhe a cabeça.

Os olhos de todos os presentes acompanharam o gesto do chefe romano que, com força e velocidade, desceu a famigerada lâmina, decepando a perna esquerda do menino, de um só golpe.

E após um grito lancinante de dor, o menino entrou em estado de choque e perdeu os sentidos.

O velho avô hebreu se jogou sobre o corpo do menino estendido no chão e, agora, tremia e chorava sob a poça de sangue que se formava veloz.

Aelius limpou a lâmina do seu gládio na túnica suada e empoeirada, nas costas do velho homem, que se achava agora humilhado e estendido sobre o neto desfalecido.

E, naquela mesma hora, enredado por forças trevosas invisíveis que se imiscuíam em seus pensamentos tenebrosos, ainda pensou em cortar a cabeça do ancião ali mesmo.

Foi quando ouviu uma voz familiar a chamar-lhe o nome, fato que o trouxe de volta à razão:

– Decurião Aelius! Decurião Aelius – ouviu-se a voz em tom grave.

Era o seu patrono e amigo, o centurião Marcianus, que passava pelo local com seu pelotão de cavaleiros e que, de certa distância, testemunhara a ação radical do seu afilhado severo. Percebendo, com astúcia experiente, que aquele infeliz evento poderia desencadear reações ainda mais graves por parte dos muitos hebreus que se juntavam naquele local, o velho amigo e conselheiro disse:

– Aelius, meu amigo, penso que a punição foi suficiente e exemplar. Creio que todos eles já entenderam a mensagem de Roma. Retornemos à Fortaleza Antonia, pois, necessito muito dos seus préstimos em caso urgente que é de nosso interesse comum.

E, ao se aproximar do pequeno grupo militar que era liderado pelo afilhado, que ainda se achava em certo estado de euforia causado pela grande quantidade de adrenalina a lhe circular pelas veias dilatadas, Marcianus disse cauteloso, em tom de voz mais baixo, ao seu protegido:

– Aelius, meu jovem amigo e afilhado, permita-me lembrá-lo que estamos em uma região bastante complicada. Não é meu desejo comandar os seus homens, contudo, sugiro que os nossos legionários redobrem a atenção daqui até o nosso destino, pois, conhecemos bem essa gente que poderá aproveitar a confusão formada para uma reação mais radical. Vale lembrar que os sicários estão por toda parte. Todo cuidado, neste momento, é pouco. Diga aos seus homens que fiquem atentos e unidos. Mantenham todos a uma distância segura, não permitam que cruzem o perímetro de segurança dos pilos[17]. Seria, agora, uma boa hora para fazer e manter a formação de proteção, com seus escudos alinhados, até chegarmos à segurança da Fortaleza.

Diante do conselho e da experiência do patrono e amigo,

17. Lança romana, arma dotada de ponta metálica presa em uma longa haste de madeira.

Aelius, retomando o controle daquela agitada situação, e seguindo a sugestão do amigo veterano, ordenou aos seus soldados que seguissem, rapidamente, para a segurança da Fortaleza, e assim foi feito.

Assim, o pequeno grupo de soldados romanos comandados por Aelius, e que era agora escoltado e reforçado por um pelotão de cavaleiros liderado por seu amigo e padrinho Marcianus, tomaram, em marcha acelerada, o caminho da Fortaleza Antonia.

NO CENÁRIO DA TRAGÉDIA, minutos após o fato, muitas pessoas nervosas, homens e mulheres, gritavam contra os romanos e gesticulavam com agressividade.

Em meio àquela agitação toda, um pequeno grupo de mulheres se aproximou, silenciosa e rapidamente, de imediato o menino foi retirado da rua.

Com habilidade incomum o ergueram do solo e o levaram enquanto duas delas também amparavam o velho judeu, conduzindo ambos para outro local, na intenção de socorrerem, prioritariamente, o jovem e, o quanto fosse possível, estancar-lhe a grave hemorragia, salvando-lhe a vida.

Uma das mulheres mais jovens retirou um lenço de sua bolsa em forma de alforje e amarrou com firmeza e improvisou um torniquete rústico, procurando estancar o sangue que corria farto, diminuindo assim o sangramento fatal.

Enquanto uma anciã se aproximou do rosto do menino e derramou alguma substância líquida em sua boca, fazendo-o engolir, com certa dificuldade.

Outra mulher pegou a perna decepada e a enrolou em um manto - porque de acordo com as crenças judaicas, nenhuma parte do corpo de um judeu podia ser deixada para trás.

E tão rapidamente como surgiram aquelas mulheres também desapareceram em meio à multidão buliçosa daquela feira popular, através de suas ruas empoeiradas.

Levando com elas o velho cambaleante e o menino com a perna decepada, ambos bastante feridos tanto física quanto moralmente.

O GRUPO DE MULHERES corria o mais que podia pelas vielas estreitas, seguindo em direção aos velhos muros da cidade.

Após o violento e triste episódio ocorrido na feira livre da cidade baixa de Jerusalém, o velho Natanael, ferido tanto em seu corpo quanto em seu orgulho judeu, aos prantos e transpirando muito, caminhava suarento e trêmulo, a passos largos, tentando acompanhar aquele pequeno grupo de mulheres ágeis que socorreu o jovem Elias, o seu amado neto.

Assim que saíram do meio do tumulto das ruas da vila, as mulheres foram auxiliadas por dois homens fortes que lhes aguardavam, no exterior da grande muralha, e que tomaram para si aquele pesado fardo. E, compreendendo a urgência do caso, seguiram acelerados em direção a um dos portais de saída da cidade.

Uma daquelas mulheres, uma senhora de mais ou menos cinquenta anos de idade e que, naquele momento, parecia liderar o grupo, preocupada com a gravidade que o momento exigia, afirmou em tom sério e voz firme:

– Devemos correr com o jovem para a comunidade do Caminho. Graças ao Pai e Criador o terapeuta está nos visitando e ele, certamente, poderá intervir e ajudar neste caso tão grave.

Aquela senhora, olhando para uma das adolescentes que acompanhava o grupo, disse em tom grave:

- Não podemos perder tempo. Rachel, minha filha, mantenha firme a sua mão. Com certeza o nosso irmão médico foi enviado pelo espírito do Salvador. Que ele, nosso eterno Rabi, nos conduza e ampare neste momento difícil. Vamos.

E virando-se para outra adolescente que também seguia com o grupo disse em voz enérgica:

- Elisheva, minha querida, você que é sempre veloz como o vento, corra na frente e avise ao nosso querido médico. Comunique o ocorrido e que estaremos lá em poucos minutos. Que ele esteja preparado. Vá minha ave, corra. Voe minha filha, voe.

E a menina disparou pelo caminho que se abria adiante, parecia mesmo ter asas nos pés a bela e jovem Elisheva. O vento, provocado pelos passos acelerados, fazia revoar os véus e os cabelos da jovem adolescente. Em poucos instantes ela sumiu da visão do pequeno grupo que agora caminhava apressado, quase correndo.

O adolescente, empapado de suor e de sangue, em estado de choque, revirava os olhos e falava coisas desconexas, enquanto era carregado, agora, pelos dois homens.

Enquanto isto, outra jovem comprimia o ferimento com uma das mãos e com aquele de seus lenços que fora transformado em um tipo de torniquete no abençoado socorro.

Enquanto caminhava amparado por duas jovens senhoras, aos tropeços pelas vielas, o ancião orava com todas as forças que lhe restavam no coração, combalido e cansado, rogando a proteção de Iavéh, o Senhor Inominável, e que salvasse a vida do neto. E, ao mesmo tempo, o ancião lamentava toda aquela tragédia, cuja maior vítima era o neto querido.

Sarah, a líder das mulheres, orientou que as duas outras seguissem com o ancião para a comunidade do Caminho mais lentamente, enquanto ela mesma e as demais companheiras adiantariam os passos.

Rapidamente o primeiro grupo se afastou da cidadela, atravessando o conhecido Monte das Oliveiras, através das trilhas sinuosas e alcançando os bosques na periferia de Jerusalém.

Enquanto o ancião, agora sustentado pelas duas mulheres, caminhava um pouco mais lento, mas sem se deter, ansioso e muito preocupado. Simultaneamente, as duas senhoras procuravam acalmá-lo durante o trajeto em direção ao local desconhecido por ele.

III – A COMUNIDADE

AQUELES ERAM OS AMARGOS tempos das primeiras grandes perseguições aos seguidores do Rabi da Galileia, o imperador Nero estava no auge do seu poder.

Não muito distante das grandes muralhas da cidade santa havia um belo sítio, antiga propriedade de um rico morador já falecido. O sítio ficava fora das vistas da maioria dos estrangeiros e protegido de certa forma das patrulhas romanas mais interessadas no movimento no interior das vilas e das cidadelas.

As terras foram doadas, há alguns anos, aos seguidores do Caminho – assim eram identificados os grupos dos primeiros seguidores do Rabi Nazareno, o artesão Yeshua ben Yosef[18].

No sítio, agora transformado em mais uma comunidade do Caminho nas cercanias de Jerusalém, havia vastos canteiros onde eram cultivadas hortaliças variadas, que eram cuidadas por homens e mulheres que ali trabalhavam e viviam.

18. Jesus, filho de José.

Em outra parte se verificava pequena criação de ovelhas que era pastoreada por meninos e por adolescentes.

E, mais adiante, um farto pomar com múltiplas árvores frutíferas, que se localizava próximo a um riacho, no qual deslizava a água cristalina.

Centralizada na propriedade, encravada entre várias árvores de sombras fartas e jardins com plantas multicores e floridas, se encontrava a casa principal, uma construção robusta e ampla e que servia, naquele momento, como escola, como hospital e como templo.

Por trás da casa principal havia uma pequena vila, com algumas casas menores já construídas, e outras em vias de conclusão, era o setor destinado aos moradores e trabalhadores do Caminho.

Era, enfim, um ambiente simples e aconchegante, onde a tranquilidade e a harmonia serviam de moldura, enquanto pássaros uniam seus cantos em hinos de gratidão ao Criador, apesar dos tempos difíceis.

Logo o grupo em marcha acelerada adentrou pelo portal do sítio, e seguiu em direção à casa principal, indo ao encontro do socorro urgente e necessário.

Um pequeno grupo, formado por quatro homens e três mulheres, já estava a postos na ampla varanda frontal.

O jovem foi entregue com rapidez aos que o aguardavam na varanda que, imediatamente, o conduziram para o interior da casa.

Poucos minutos depois chegava também ao local o velho Natanael, o avô do menino, em franco estado de desespero.

O velho, em meio ao seu pranto nervoso, gritava enquanto gesticulava e batia com as mãos na própria cabeça:

– Por misericórdia, ajudem o meu neto. A culpa foi toda minha. Ele foi ferido por minha causa. Perdoe-me, meu netinho, perdoe-me. Ajudem, ajudem.

No interior da casa, na sala de entrada, estava um senhor de meia idade, talvez, com cerca de quarenta anos, que conversava e dava orientações a outro pequeno grupo de homens e mulheres que o ouviam atentamente.

Ao perceber a agitação do pessoal que entrava carregando o adolescente ferido, o homem se adiantou e já ciente da gravidade do ferimento, que mesmo sob a pressão exercida pela jovem socorrista, ainda vertia sangue, imediatamente, comandou o socorro em tom grave:

- Tragam muitos panos limpos, aqueles em forma de faixas. Precisaremos de muita água fervida. Tragam do azeite virgem, também do vinagre novo. Necessitaremos da pasta de figos recém-produzida. Da resina e das raízes maceradas, com urgência. E verifiquem o conjunto de facas grandes que foram colocadas na brasa, se estiverem vermelho-amareladas tragam-nas rapidamente. O jovem está perdendo muito sangue. Precisamos agir rápido, muito rápido.

Assim, o grupo se dividiu e todos foram providenciar o material solicitado.

Outros foram preparar o adolescente, transferindo-o para um dos quartos que era utilizado para tais casos emergenciais.

Depois Natanael ficou sabendo que aquele quarto fora idealizado por aquele mesmo médico, que fazia o atendimento e era chamado, por muitos, de terapeuta.

Aquele senhor, todos ali sabiam menos Natanael e seu neto ferido, era natural de Antioquia e a sua formação médica fora realizada em várias escolas da Grécia, onde, além de estudar com sábios gregos, também teve mestres egípcios e professores vindos do oriente.

O terapeuta possuía vastos conhecimentos sobre ervas, raízes e outras substâncias que eram retiradas da natureza e preparadas por ele mesmo, ou por seus auxiliares-aprendizes, sempre sob a sua supervisão e orientação.

Conforme Natanael foi informado mais tarde, o médico estava de passagem por Jerusalém, um fato que demonstrava, segundo interpretavam, que Elohim[19], estava agindo em favor do seu neto.

E muitos diziam, dirigindo-se ao ancião:

- Devemos dar graças ao Senhor da Cura, porque o médico está aqui entre nós. Sem ele, com certeza o jovem estaria em sérios apuros. Agradeçamos ao Senhor por isto.

Enquanto seu neto era tratado na sala especial, outro senhor, que vinha acompanhado por duas senhoras, se aproximou e disse, em tom cordial:

- Vamos, meu amigo, temos que cuidar destes seus ferimentos também.

O velho Natanael, com o coração opresso e sem entender muito bem o que acontecia ao seu redor, ainda sob as fortes emoções do triste acontecimento, não sabia como agradecer, as lágrimas fartas deslizavam pela face enrugada e dolorida, ao mesmo tempo em que se preocupava com os possíveis custos daquele tratamento e dizia:

- O Senhor, seja louvado. Eu não sei como agradecer-lhes por este socorro. Nós, eu e meu neto, não possuímos moedas, não temos como pagar por este tratamento. Quem sabe os senhores possam aceitar meu trabalho como pagamento da dívida?

Quando teve interrompido o seu discurso por outro ancião que se aproximou e que aparentava ter a mesma idade que ele:

- Meu amigo, não se preocupe com este tipo de pensamento. Nada lhe será cobrado, nem ao seu neto. Somos todos aqui servidores, nós só desejamos que o seu neto fique bem, assim como você. O amigo precisa saber que seu neto está em ótimas mãos, com certeza Iavéh se faz presente aqui, hoje.

19. Jeová, Deus...

O velho com o semblante confuso, perguntou tímido e sem desejar ofender os seus socorristas:

- O amigo me pode dizer onde estamos, eu e meu neto? Quem sois? Que tão solicitamente nos socorrem e amparam em hora tão difícil? Que lugar é este?

No que foi informado pelo ancião que se aproximou amistoso:

- O irmão está na comunidade do Caminho e o nosso objetivo primeiro é o de auxiliar os que necessitam. Procure acalmar o seu coração, vamos aguardar os acontecimentos e orar para Iaveh e também para o nosso Mestre Yeshua, o Salvador. Tudo será resolvido, tenhamos por agora paciência e fé.

Natanael ainda confuso, perguntou mais uma vez:

- Eu nunca ouvi falar na comunidade do Caminho. Yeshua, quem é ele?

E, mais uma vez, recebeu a resposta do mesmo ancião que agora lhe examinava os ferimentos do rosto:

- Assim que os seus ferimentos forem tratados, se o irmão desejar, podemos lhe explicar melhor o que é a comunidade e quem é o nosso Mestre, o Salvador.

Natanael, ainda muito espantado, prestava muita atenção nas palavras daquele bondoso e solícito homem que já considerava, em seu íntimo, como novo amigo, que lhe surgia naquela hora tão difícil.

Sim, o velho judeu ficou muito curioso diante daquele tratamento tão especial, perante aquelas pessoas amorosas e zelosas.

E também gostaria de saber mais sobre o tal "Caminho", bem como sobre o "Salvador", e pensava consigo: - Quem seria ele? Aquele misterioso Salvador, que todos ali pareciam venerar e que merecia orações ao lado de Iaveh, o Senhor das Hostes?

E assim perplexo foi conduzido para higiene e para os curativos.

Logo que o material solicitado foi reunido na pequena saleta e conferido, todos olhavam respeitosos, para o terapeuta, aguardando suas orientações.

O médico, acompanhado por dois homens e duas mulheres nominalmente selecionados por ele, cerrou a fina cortina em forma de véu da porta do aposento no qual se achava deitado.

Lá dentro sobre leito muito limpo, o jovem Elias, por sua vez, delirava ainda em estado de choque.

Procedimentos de higienização foram realizados e o médico ordenou que todos ali lavassem suas mãos com água e sabão.

Utilizando do azeite virgem, da água fervida e do vinagre, fez a limpeza da perna, logo após terem dado de beber um chá feito com a combinação de diferentes ervas fortes e no qual o médico adicionou um pó que retirou de um pequeno pote de vidro vindo de um dos seus alforjes, que ficava dependurado em parede próxima.

Em seguida, orientou ao grupo que todas as roupas do jovem fossem retiradas, afirmando que permaneceria somente a roupa debaixo, caso estivessem limpas, caso contrário, seria retirada, posteriormente, pelos homens ali presentes, após o tratamento de emergência.

O terapeuta examinou o ferimento e viu que havia sido produzido por instrumento cortante muito afiado, e que não havia outros sinais de impurezas além de uma reduzida porção de poeira e sangue coagulado. As roupas do menino haviam evitado maiores contaminações.

Imediatamente iniciou a limpeza da região ferida, utilizando pedaços de tecido limpo e os materiais que havia solicitado antes, contando com o auxílio dos que ali estavam.

O jovem Elias parecia, agora, entrar em sono profundo, após o efeito do forte chá medicamentoso que lhe fora administrado.

Vez por outra o jovem apresentava um estremecimento no corpo, fato que o médico considerou normal diante daquele quadro grave, e pediu que um dos homens segurasse o adolescente para que ele não caísse da cama.

Após a higienização do ferimento, o médico solicitou que fossem trazidas as facas grandes, cujas lâminas estavam vermelho-amareladas, em brasa incandescente.

Pegou firmemente a primeira lâmina fumegante e ordenou enérgico, que todos segurassem o menino com força, porque iria realizar a cauterização. No que foi obedecido de imediato.

Após colocar uma pequena haste, em forma cilíndrica, feita em madeira macia, que um dos seus auxiliares mantinha entre os dentes do menino, preparou-se para a ação curativa de emergência.

Assim as lâminas em brasas foram pressionadas, uma após a outra, sobre a ferida.

Ao primeiro toque do braseiro o adolescente, que se encontrava com aquele pequeno cilindro de madeira preso entre os dentes, reagiu com um solavanco e um gemido forte. Perdendo os sentidos, pela dor aguda.

Alguns minutos depois daquele procedimento o sangue foi estancado com sucesso.

Uma pasta de figo mesclada a algumas resinas foi espalhada cuidadosamente sobre o ferimento e nova dose de chá foi, vagarosamente, administrada ao jovem suarento que se achava em pesado estado de sonolência.

O médico, satisfeito com o resultado do procedimento, orientou novamente o seleto e pequeno grupo que o acompanhava de perto, afirmando:

– Esperemos passar as primeiras horas, ele deverá permanecer dormindo. O corpo irá esquentar e nós teremos que resfriá-lo, tragam água fresca e mais panos limpos. Continuaremos dando-lhe o chá feito com as raízes medicinais. Nesta noite nós nos revezaremos aqui, à cabeceira do nosso irmão enfermo. Espero que vocês tenham aproveitado e observado estes procedimentos, eles serão muito úteis na formação de vocês, meus discípulos.

E todos sorriram satisfeitos com o sucesso dos procedimentos médicos. O grupo, embora apreensivo, estava confiante no trabalho realizado ali e, ao mesmo tempo, agradecido ao médico amigo e instrutor pela grave e importante lição do dia, pois que todos ali naquele pequeno grupo eram candidatos às artes médicas e vinham se esforçando ao máximo para aprender.

A oportunidade de ter o amigo médico ali era mesmo uma bênção do Pai e Criador de todas as coisas e também, por certo, mais uma dádiva do Salvador.

E dirigindo-se à mais jovem que ali estava, disse-lhe:

– Ester, você fará a primeira vigília da noite e qualquer alteração no estado geral do jovem não hesite em nos chamar.

E saíram do quarto, após as várias horas que o procedimento de emergência exigiu, dirigindo-se para a sala principal onde estava o ancião e avô do jovem socorrido.

Quando Natanael viu o grupo sair daquele aposento, correu na direção do terapeuta, diante dele se ajoelhou e pegando sua mão a beijou, agradecendo com toda a sua sinceridade:

– Obrigado, meu senhor. Obrigado, que "O Criador" possa lhe abençoar sempre. Não sei como poderei lhe pagar, meu senhor. Não tenho moedas comigo. Assim, como dita a Lei, tenha-me como vosso servo de hoje em diante. Como é o nome do meu novo amo? Como devo chamá-lo, meu senhor?

E o pranto banhava o rosto envelhecido de Natanael.

O médico, compadecido, fez com que o ancião se levantasse, segurando-o pelos ombros. Fitou-o amorosamente e falou com extremado carinho em sua voz:

– Sim, é verdade, agradeçamos sempre ao Criador, que também é Pai Amoroso e não deseja o nosso sofrimento. Você nada me deve. Servir é motivo de alegria para a minha alma. E de acordo com os ensinamentos do nosso Salvador, Yeshua, a quem procuro seguir com todas as forças do meu pobre e pequeno espírito, você não é meu servo. E aqui, nesta casa abençoada, sou mero servidor, como todos os demais. Meu nome é Theophilo, doravante considere-me apenas seu irmão.

O velho Natanael, embevecido com a atitude daquele médico humilde, se ajoelhou e, novamente, chorou agradecido segurando a mão do terapeuta.

Porque ele que, até ali, se considerava um ser humano sem importância, jamais havia experimentado tamanha consolação em seu espírito sofrido, ninguém, em toda a sua sofrida vida, o havia tratado com tanta compaixão.

E, com o coração mais leve, agora se perguntava: "– que gente estranha era aquela e por que eles agiam daquela forma?".

Pensava consigo, caso o neto se recuperasse e se lhe fosse permitido, gostaria muito de conhecê-los melhor. Quem sabe ficar por ali e, se possível, fazer parte daquele grupo? Talvez, aquele fosse um bom lugar para seu neto, que era órfão de pai e mãe, crescer e aprender boas coisas. Afinal, não lhe restava tantos anos de vida e era necessário proteger e encaminhar o seu jovem neto, a quem amava profundamente.

O ancião foi chamado à realidade por uma jovem senhora, de nome Hanna, que o convidava para uma refeição. O velho judeu agradeceu e a seguiu para outro ambiente localizado nos fundos da casa maior, e onde várias pessoas estavam reunidas.

Alguns passos adiante e chegou à varanda de largas proporções na qual se alinhavam várias mesas e bancos longos e baixos.

Muita gente reunida, homens e mulheres, crianças, jovens e velhos, em conversas animadas. Aquela era, sim, uma comunidade diferente, iluminada pela fraternidade.

Curioso, observou que de forma incomum para os costumes de seu povo, um grupo de homens e mulheres, serviam juntos, sucos diversos em jarras, também água fresca, pães e broas.

Era chegado o final de mais um dia, o fim dos trabalhos cotidianos naquela comunidade do Caminho, era a hora da refeição coletiva. E o velho pensou: "– Talvez, eles sejam algum tipo de essênios. Porque se alimentam juntos. Mas homens servindo, eu nunca testemunhei tal fato".

Em outra mesa mais adiante, alguns anciãos, homens e mulheres, se assentaram. E, ao lado deles alguns outros homens e mulheres de meia idade. Theophilo também estava compondo aquela mesa, na qual todos pareciam amigos de longa data.

Natanael, ainda se sentindo deslocado e um tanto quanto envergonhado, também foi conduzido para uma mesa e ocupou o lugar indicado.

Em dado momento, o ancião que ocupava a mesa principal, levantou-se e falou em tom solene:

– Irmãos e irmãs, não é segredo para nenhum de nós a grande alegria que habita em nossos corações por recebermos o irmão Theophilo em nossa modesta casa. Sabemos que sua estadia entre nós é passageira, porém, a nossa alegria não é menor. Os tempos são de agitações, como previu o Salvador e devemos ficar atentos, em jejum e oração. Gostaríamos de pedir ao nosso querido irmão que faça a oração de hoje, em agradecimento pelas bênçãos recebidas. Em gratidão pelo pão material e pelo pão espiritual. Por favor, irmão Theophilo, faça a oração do final do dia de trabalho.

IV – Novos rumos

Algum tempo após o lamentável episódio no mercado livre judeu, Aelius foi convocado à presença de seus líderes.

Como era de costume, o militar se apresentou aos seus chefes imediatos sem saber ao certo o motivo de tal convocação, todavia, pensava ele, devia ser mais uma reunião para tratar das rotinas militares ou, quem sabe, para transmitir novas informações sobre os bandos de rebeldes que circulavam pela cidade provocando desordens e desrespeitando a ordem local.

Diante daquele seu superior, o centurião Cassius Florus – que era um dos amigos pessoais do chefe militar local, Metilius –, o jovem decurião, ficou em posição ereta e estendendo a mão direita no ar, saudou o Imperador e também ao seu líder, como determinava as regras e os bons costumes dos fiéis legionários:

– Ave César! Salve, centurião Cassius.

O chefe centurião retribuiu a saudação e em tom grave, olhando diretamente nos olhos de Aelius, disse:

– Não vou fazer rodeios Aelius, você é um dos nossos melhores homens, precisamos, urgentemente, de seus préstimos e sei que você não negará tal solicitação que não é minha, mas, do interesse de Roma. E o nosso divino imperador tem muito interesse nesta região.

E após um breve intervalo, como que para arrumar os pensamentos, continuou o comandante romano:

- Existe, como você bem sabe, grande e perigosa agitação rebelde pela cidade e, de acordo com nossos informantes, estamos próximos de um provável e muito grande levante. Roma já foi avisada, pois enviei mensageiros há alguns dias promovendo um alerta geral e já pedindo reforços militares. Estas nossas informações atuais são seguras e provêm de várias fontes diferentes.

O jovem Aelius escutava atento, segurando o seu elmo sob o braço esquerdo e com a mão direita fechada e repousada em suas costas, sem alterar sua expressão facial, como era do seu feitio.

O centurião que andava nervosamente de um lado para outro do salão e esfregava as suas mãos agitadas, continuou o seu breve discurso:

- Entretanto, meu amigo Aelius, soubemos de fonte muito segura que há líderes reunidos na região norte da palestina, mais especificamente, na região da Galileia e é para lá que vou transferir você e alguns dos meus melhores legionários, homens que você mesmo escolherá entre os seus comandados diretos.

Diante daquela informação, o jovem decurião franziu o cenho e apertou os olhos, demonstrando certo grau de interesse e, ao mesmo tempo, preocupação. Ele sabia que aquele lugar, que era chamado de "Distrito dos Gentios", pelos próprios habitantes da Judeia, não era um "mar de calmaria". E isto lhe causava alguma ansiedade, não por temor, pois não temia inimigo algum, mas, principalmente, porque estaria em ambiente hostil, desconhecido e também se afastaria de seu núcleo familiar, do qual se sentia lídimo protetor.

Diante de tal informação, pediu autorização para falar:

- Permita-me falar, meu senhor. Certamente, a vontade de Roma é para mim uma ordem e eu obedeço sem questionar. Solicito somente algum tempo para comunicar aos meus familiares, que o senhor bem os conhece, a fim de prepará-los para tais mudanças.

O centurião a tudo ouvia e concordava, em ato afirmativo e satisfeito, com a cabeça. E, diante do pedido do jovem e leal decurião, falou em tom solene:

- Fique tranquilo, seu pai, nosso digníssimo e antigo chefe, já foi informado e aguarda-te em sua residência para trocar contigo as suas impressões. Terás o prazo necessário para iniciar esta sua missão.

E, aproximando-se do jovem, como que forçando certo ar de intimidade, falou em voz baixa, quase sussurrando:

- Aliás, conto com a sua total discrição sobre o motivo desta sua transferência, pois você irá receber, antes da viagem, alguns nomes que deverão ser investigados, de muito perto. Há inclusive informes sobre indivíduos infiltrados entre os legionários daquela região que deverão, também, ser investigados por você e pelos seus homens. Portanto, meu caro amigo decurião, mantenha total sigilo e silêncio absoluto sobre esta nossa conversa. Saiba que as suas investigações naquela região serão vitais para a nossa segurança e para a movimentação das tropas que, certamente, Roma enviará para nosso apoio.

Dito isto o centurião Cassius liberou Aelius para que ele fosse tomar as providências iniciais e urgentes para aquela nova missão.

O que o astuto líder omitira naquela conversa com o jovem decurião foi o fato de que, também, havia outro pedido para aquela transferência. Solicitação feita em secreto, por parte de alguns membros da elite governamental local, associada a influentes chefes da segurança[20] dos sacerdotes do Grande Templo de Salomão - obviamente pedido que fora acompanhado de vultosa soma, feita em moedas de ouro.

Pois, o trágico acontecimento da feira livre, no qual um ancião judeu fora espancado e um menino tivera decepada uma das suas pernas, gerou grande tensão na comunidade local. Tal fato quase fizera arrebentar mais um levante de graves e grandes proporções.

Rebelião que só fora amenizada por meio da distribuição de pedidos e de favores políticos especiais, através de promessas escusas entre as corrompidas lideranças romanas e as corruptoras lideranças locais, por meio do tráfico de muitas moedas de ouro e de prata, oriundas do vastíssimo tesouro do Templo.

Deste modo o velho e astuto centurião, cujo caráter era muito duvidoso, qual experiente ave de rapina, que sobrevoa a sua caça antes do mergulho fatal, além de se livrar de um sério e muito delicado problema político causado pela ira do jovem decurião, recebera alguma simpatia dos governantes judeus e, ao mesmo tempo, enriquecera mais o seu cofre pessoal.

Pensou, então, a velha raposa romana:

- Acabei de me livrar de um problema, este decurião ridículo que me colocou em situação crítica e delicada com meus clientes judeus. Mas, por outro lado, também tive lá meus ganhos, nada como algumas gordas moedas de ouro e de prata extras em meu cofre pessoal. Amanhã mesmo enviarei um mensageiro aos meus amigos do norte, para avisá-los sobre este "bajulador do Senado", que lhes estou encaminhando.

E com um sorriso malicioso na face, pensou:

- Quem sabe, algum acidente lhe aconteça naquela região inóspita? Ele não seria o primeiro e nem o último romano a perecer, pela glória maior do Império.

---

20. Havia um grande grupo de soldados judeus, da elite militar, que mantinha a segurança do Templo de Salomão.

Esfregou as mãos nervosamente, enquanto ganhava o interior do seu palácio.

NÃO MUITO DISTANTE DA Fortaleza Antonia, o jovem decurião Aelius adentrou ligeiro em sua vila, seu lar.

Seguia um tanto quanto apreensivo e tenso pelo fato de ter que conversar seriamente com o seu velho pai e transmitir à família as suas novas ordens gerais.

E, mal entrara pelo vestíbulo principal da confortável vivenda romana, foi recebido pelo seu genitor que já o aguardava, também ansioso pelas novas notícias.

E foi o seu pai quem iniciou a conversa:

- Meu filho, já estou ciente da sua nova missão - e, olhando ao redor para verificar que não havia ouvidos extras, continuou em tom de voz moderado:

- Bem sei da grave importância da sua ida para o norte, pois fui informado pelo próprio centurião Cassius, aquela maldita raposa velha, que não nos merece qualquer confiança. Ao mesmo tempo, meu filho, a sua tarefa não será simples nem será fácil. Você estará pisando em solo perigoso e lamacento, é vital para você que não confie cegamente em ninguém. Nestes casos, todo cuidado é pouco, filho. Você está sendo enviado ao ninho das serpentes, jamais se esqueça disto.

Obviamente, Aelius bem sabia da gravidade e dos perigos que envolviam aquela nova empreitada militar.

Também confiou ao pai, militar experiente, que teria que investigar, inclusive, outros legionários que eram, sim, vistos como traidores aos olhos de Roma. Algo deveras perigoso, em qualquer situação e em qualquer lugar. Em tom muito sério, Aelius, disse ao seu genitor:

– Sim, meu pai, eu tenho ciência da gravidade do trabalho. Também sei dos sérios perigos em lidar com as víboras. Não se preocupe em demasia, levarei comigo cinco dos meus melhores auxiliares. São homens que conheço e confio, foram treinados por mim mesmo. Estaremos alertas e vigilantes todo o tempo.

E, após pequena pausa, continuou olhando fixo nos olhos do pai:

– Preocupa-me mais que tudo, meu pai, o senhor e a nossa família aqui nessas terras de ninguém, sem a minha presença, em casos emergenciais. Embora eu tenha a mais absoluta certeza das suas capacidades e plena confiança em sua mão forte. Apenas, fico apreensivo, pois como seu filho, mui respeitoso, me coloco também como seu grande admirador, o senhor bem sabe disto, não é mesmo?

Os olhos do seu velho pai se encheram de lágrimas diante da declaração cuidadosa do filho amado. Também, muito experiente nas questões políticas internas das Legiões, aquele velho centurião sabia do que se tratava naquela delicada situação na qual o filho fora perigosamente enredado. Mas, buscando ainda orientar e alentar o seu primogênito afirmou:

– Não se preocupe, meu filho, nós estamos também de partida. Protelamos como sabe, o nosso retorno à cidade eterna, porque desejávamos acompanhar de perto a sua progressão militar. Mas agora podemos partir, nada mais nos prende a esta região.

O jovem decurião sentiu-se feliz com aquela declaração do progenitor e o olhou como que perguntando:

"Roma também anda muito agitada, como sabemos pai. Espero que o senhor e a nossa família fiquem seguros."

O pai, parecendo adivinhar os pensamentos na mente do filho querido, completou animado:

– Sim, há algum tempo eu e sua mãe já planejávamos mesmo o retorno à capital. Agora possuímos, por direito e como prêmio da aposentadoria[21], uma boa propriedade, uma pequena fazenda, nas cercanias de Roma. Fica distante, na verdade, a poucas horas da cidade eterna, onde pretendemos terminar nossos dias. Ficaremos seguros, sim, não se preocupe conosco. Mas, lembre-se de cuidar da sua segurança pessoal.

E, diante da face tensa do filho, continuou o velho pai em sua explicação:

- Estarei bem mais perto dos nossos antigos amigos, alguns deles ocupando atualmente posições de grande influência junto ao Senado. Assim, meu filho, eu não descansarei enquanto não conseguir transferir você para a capital. Nossos contatos serão mobilizados e, em pouco tempo, você estará conosco, novamente, entre as sete colinas. Já enviei um mensageiro a alguns dos nossos amigos combinando nossa chegada para daqui a poucas semanas. Também, já estou providenciando as passagens de toda a família em embarcação que atravessará pelo *Mare Nostrum*[22]. Você ficará longe de nós por pouco tempo, meu filho, os deuses estarão ao nosso lado.

Revelou o ex-centurião ao filho, soltando o ar dos pulmões, em longo suspiro confiante e sonhador.

O filho recebera ali um novo alento em seu coração ao ouvir aquela boa notícia em forma de promessa. Por anos e anos alimentou o desejo de retornar à cidade eterna, a sua velha e querida Roma, só não sabia exatamente como e quando seria tal retorno. Os seus olhos brilharam com aquela possibilidade e a sua mente se encheu de novos pensamentos e sonhos.

---

21. Utilizamos aqui a expressão "aposentadoria" por falta de palavra equivalente. Em alguns casos, após deixar as Legiões Romanas - aproximadamente, 20 anos de serviço, principalmente os chefes, continuavam recebendo alguma remuneração, bem como recebiam uma quantia de dinheiro como "prêmio" em reconhecimento pelos serviços prestados a Roma.

22. Forma pela qual os romanos se referiam ao Mar Mediterrâneo.

O velho pai ainda arrematou a conversa, para tentar animar, ainda mais, o filho:

- Aelius, meu filho, eu também já sinalizei para alguns amigos mais próximos a minha intenção de apresentar o seu nome aos Tribunos de Roma, para que seja, o mais breve possível, quando do seu retorno, nomeado centurião. Tenho ainda vários amigos que lidam diretamente com os nobres chefes da Guarda Pretoriana e eles, certamente, em nome da nossa velha amizade, me ouvirão e atenderão ao meu pedido. Assim, meu filho, só lhe peço que tome muito cuidado e que se mantenha vivo e a salvo para que eu possa reconduzi-lo à nossa eterna Roma.

Dizendo isto, o velho pai abraçou forte e longamente o filho com os olhos marejados. No que foi correspondido pelo filho em força, gênero e grau.

Finalmente o velho pai falou:

- Tenho um pequeno, mas significativo presente para você, meu filho, tome.

Aelius estendeu a mão e pegou o pequeno embrulho. Olhou curioso e sorriu agradecido. Era o anel que pertencera ao seu avô paterno, nele havia a inscrição "Legio Ferrata". Aelius o colocou orgulhoso em seu dedo anelar da mão esquerda. Dizendo tomado de emoção:

- Obrigado, meu pai, sei que este anel pertence à família há muitos anos, cuidarei dele com respeito e zelo. Obrigado.

Poucos dias depois, de posse de suas novas atribuições, o decurião Aelius se despedia da sua família e seguia em caravana para o norte da Palestina.

Seu novo destino, a Galileia, a terra dos gentios.

Mais precisamente a cidade de Cafarnaum.

V – Um oásis

Todos se prepararam para ouvir a prece de Theophilo na comunidade do Caminho de fora dos muros de Jerusalém.

E naquela humilde casa, que ficava nas cercanias da grande cidade, quando Theophilo preparou-se para ficar de pé, o silêncio se fez profundo, curiosamente, parecia que até mesmo os pássaros haviam parado de cantar.

Naquele momento era possível ouvir a respiração dos homens e das mulheres presentes que, em sinal de respeito, abaixaram as suas cabeças e cerraram os seus olhos.

Theophilo, visivelmente emocionado pelas palavras carinhosas do velho Matatias, que era considerado o pai daquela comunidade, ergueu-se com calma, apoiando as mãos na mesa, olhou para todos os presentes como quem, elevando os sentimentos e os pensamentos mais profundos, procura sondar cada uma daquelas almas para sentir as suas mais profundas necessidades.

Respirou fundo, também fechou os seus olhos e preparou-se para a prece de agradecimento. O médico, então, envolvido por vibrações suaves e diáfanas que lhe inundavam o coração e o espírito, falou com emoção:

"Que o Criador de todas as coisas, o nosso Amoroso Pai e Senhor, como nos ensinou o Salvador, seja para sempre louvado.

E que o nosso Mestre, Yeshua, possa se apiedar de nossas almas simples, porém, sinceras em nossos mais puros ideais.

Agradecemos, primeiramente, pela água da vida que nos foi oferecida pelo Salvador.

Mestre amado, aqui estamos reunidos, nesta casa humilde e com simplicidade em nossos corações, em teu nome, Yeshua.

Que a luz do teu amoroso olhar possa nos guiar pelas trevas dos nossos corações combalidos e pelas escuras veredas das nossas mentes enfermas.

Que possamos, um dia, Amigo divino, compreender verdadeiramente as sublimes verdades com as quais nos suavizaste a existência.

Manso Pastor, somos aquelas tuas ovelhas tresmalhadas e irrequietas, reconduz-nos ao teu aprisco, porque, entregues a nós mesmos, nada poderemos, nada conseguiremos e a falência é certa.

Mestre da luz e do amor eterno ampara e guia os nossos passos vacilantes e frágeis para não perdermos o rumo, em tua direção.

Irmão amoroso, não nos deixe entregues a nós mesmos, porque, certamente fracassaremos, envoltos em nossas profundas fraquezas e mazelas.

Salvador de nossas almas inspira-nos para que nos façamos cada dia melhores. E que trilhando o teu caminho, possamos ter forças e discernimento para aprendermos a amar ao Pai e Senhor sobre todas as coisas e ao nosso próximo como a nós mesmos, como fomos ensinados por tua imensa sabedoria angélica.

Divino Mestre auxilia-nos, para que, um dia, sejamos dignos de sermos chamados teus discípulos.

Mestre da paz e da luz, assim, agradecemos humildemente, pelo alimento que será servido agora em benefício do nosso templo carnal, que permanece em estágio aqui na Terra. Na certeza absoluta de que, no futuro não muito distante, dia virá no qual participaremos do divino banquete, junto a ti.

Obrigado, Salvador, Yeshua, mais uma vez, pela vida e pela possibilidade de servirmos.

Que o nosso Pai e Criador de todas as coisas seja, para sempre, louvado.

Amém!"

Após a oração de Theophilo, parecia que, vagarosamente, o tempo retomava o seu ritmo normal que, aparentemente, fora suspenso.

Uma revoada de pássaros despertou os presentes daquele estado hipnótico de elevação e de sublime emoção.

Uma brisa suave e perfumada pelas múltiplas flores dos canteiros próximos preencheu a grande varanda improvisada em refeitório coletivo.

Todas as pessoas retomaram seus movimentos, suavemente, sem pressas ou correrias.

Olhos marejados eram vistos aqui e ali.

O alimento simples foi, então, servido por diversos integrantes da comunidade, homens e mulheres, jovens e idosos, que circulavam envoltos na mais pura alegria e no suave contentamento, energizados que se sentiam pelas vibrações benfazejas da oração que acabaram de ouvir do amigo e irmão médico.

Peixes, frutas variadas, entre elas as tâmaras e os figos, pães, azeitonas, leite e coalhadas aromatizadas, água fresca e cristalina que era servida nos cântaros.

Após a refeição coletiva as pessoas retomavam as suas tarefas finais e rotineiras naquela colônia, onde todos operavam e cooperavam em benefício coletivo.

Na comunidade do Caminho dos primeiros tempos era comum que as únicas pessoas isentas do esforço laborativo eram aquelas muito debilitadas pelas doenças do corpo e da alma ou, ainda, as muito envelhecidas que sempre mereciam os melhores cuidados e atenções dos mais jovens e capazes.

O velho Natanael, após ter sido também limpo, socorrido, medicado e alimentado, preocupava-se, como era natural naquelas circunstâncias, com a recuperação do jovem neto.

Embora inquieto, procurou se informar um pouco mais sobre aquele lugar diferente e aquelas pessoas estranhamente cordiais e caridosas. Continuava curioso:

- Que lugar era aquele? Que gente era aquela?

Estranhamente observou, mais uma vez, que homens e mulheres conversavam de igual para igual, coisa que as tradições judaicas além de proibirem não favoreciam, embotando a sua compreensão de velho judeu.

E todos, indistintamente se tratavam por "irmãos" e "irmãs", como poderia toda aquela gente ser aparentada?

Eram muitas perguntas em sua mente já cansada, meditava confuso, enquanto mastigava pedaços de pão que eram alternados com os bocados de azeitonas, cujos caroços cuspia ao redor de si mesmo, pelo chão.

Talvez, lendo em sua face o estranhamento, um dos anciãos se aproximou e disse, amistosamente:

- Shalom. Posso me assentar perto do amigo? Realmente, não há nada parecido com isto em nossa terra. Agora, vejo que o amigo está muito impressionado, não é mesmo?

Limpando a boca com a manga de sua túnica, após um largo gole d'água fresca que lhe fora ofertada em pequena ânfora de barro, o velho judeu sentiu-se à vontade para perguntar tudo o que lhe fervilhava na mente.

- Shalom. Em nome do Sagrado Criador e de todos os profetas, quem são vocês? E este lugar, o que é tudo isto? Eu ainda não entendo.

O outro ancião, em tom amistoso, perguntou com calma:

- Meu nome é Yoachim, filho de Manasses, fique à vontade para perguntar. Mas, antes de responder as suas perguntas, preciso saber se você já ouviu falar de Yeshua ben Yosef, o galileu, que viveu entre nós há alguns anos e que foi injustamente crucificado?

Natanael, ainda um tanto confuso, meditou um pouco e respondeu, não contendo suas outras perguntas:

- Sou Natanael, filho de Naim. Você está falando do carpinteiro-artesão? O que era considerado milagreiro e que veio do norte? Ouvi, sim, algumas histórias. O que este lugar tem com ele? Vocês todos são seus parentes?

- Esta é uma história longa - afirmou Yoachim olhando para o horizonte já escurecendo pela noite que se aproximava lentamente. E continuou: - Mas acho que o amigo tem tempo suficiente para ouvir-me, enquanto aguardamos notícias do seu jovem acompanhante.

E o velho Natanael disse entristecido:

- Aquele é o meu neto, ele só está nestas condições dolorosas por minha culpa, só minha culpa. Eu fiz isto com o meu netinho. E lágrimas grossas desceram pela triste face enrugada, enquanto ele esfregava as mãos na cabeça, nervosamente.

O velho Yoachim, apiedando-se do velho irmão judeu sofredor, colocou a mão em seu ombro e disse:

- Meu amigo, saiba que seu neto está nas mãos de um homem santo, ele também é um curador. O irmão Theophilo, o terapeuta[23], que você viu atendendo ao seu neto, tem o toque do Criador, que o Seu Nome seja louvado, nas mãos. Já presenciamos inúmeras curas feitas por ele. Curas que ele mesmo afirma serem feitas em nome do Salvador, Yeshua, e por obra e graça dos santos espíritos enviados por Iaveh.

Natanael olhava atento para o seu novo amigo entre espantado e curioso. Aproveitando o momento, o velho Yoachim prosseguiu. Contou a sua própria história, dizendo que quando era mais jovem, ele mesmo havia visto e ouvido, de perto, o Mestre galileu.

Também falou das vezes em que o Salvador esteve em Jerusalém e da comoção geral que ocorria quando das suas visitas.

Disse dos fenômenos mais impressionantes que presenciara, das pessoas que conheceu e viu serem completamente curadas de suas doenças.

Relatou que viu endemoninhados serem limpos e conheceu cegos que voltaram a ver, surdos que voltaram a ouvir e mudos que voltaram a falar.

Foram tantos os milagres que era impossível enumerá-los. Soube de pessoas dedicadas ao mal que se tornaram justas e boas após o contato direto com o Nazareno. E que os seus seguidores, que existiam já em todas as partes para além da velha Palestina, continuavam a surgir, mais e mais, vindos de todas as partes.

Natanael ouvia tudo com espanto e atenção.

– Agora mesmo – dizia o velho Yoachim –, o irmão Theophilo, que veio de Alexandria, passa por nossa cidade e segue para o norte, indo em direção à Galileia, para reencontrar os parentes do Salvador e velhos amigos, que lá ainda vivem e trabalham na implantação do Reino do Bem. Depois retornará para Antioquia e, por fim, Éfeso.

23. No sentido de médico ou clínico.

Natanael escutava tudo aquilo em profundo silêncio e, vez por outra, balançava a cabeça em sinal de afirmação.

Então, aproveitando uma pausa do narrador, perguntou:

- E estas terras eram dele, do Salvador, Yeshua ben Yosef? Ele devia ser muito rico.

Yoachim sorriu diante daquela pergunta ingênua do seu ouvinte curioso e sofrido e disse:

- Amigo Natanael, o Salvador não possuía nem mesmo um travesseiro para recostar a sua cabeça. Ele era humilde carpinteiro, função que herdou do seu pai e do pai do seu pai. Jamais teve riqueza.

E, após pequena pausa, continuou:

- Estas terras foram doadas por um rico comerciante da cidade de Jericó, de nome Yacob, que teve sua filha caçula curada pelas mãos do divino Mestre. Desde então, aquele comerciante repartiu a sua fortuna e, depois, criou este lugar para ajudar aos necessitados, aos sem-teto, aos trôpegos e aos estropiados do corpo e da alma, como recomendava o Salvador.

O velho Natanael, ainda mais perplexo, perguntou:

- E este nosso benfeitor, Yacob, ainda está por aqui, entre nós? Eu gostaria muito de conhecê-lo para agradecer-lhe por tudo que estamos recebendo.

Ao que Yoachim informou:

- Não, meu amigo, o velho Yacob nos deixou há alguns anos, foi para a Jerusalém do Céu. Mas, eu soube que a filha dele, Miriam, aquela mesma menina que foi curada pelo Rabi da Galileia, após a morte do seu querido pai, partiu para a vila de Nazaré, para conhecer e se juntar aos seguidores e familiares do Salvador. Dizem que ela esteve, por alguns anos, na companhia da mãe do Salvador, que também se chamava Miriam.

E continuando a conversa esclarecedora:

- Estas terras - prosseguiu o velho Yoachim - pertencem hoje à nossa comunidade do Caminho, onde todos somos usuários e devemos zelar por elas. Existem outras aqui mesmo em Jerusalém, uma delas liderada por Yaco, o irmão do Salvador.

E o velho Natanael compreendendo melhor o que via, ouvia e sentia, comentou emocionado:

– Este lugar parece um oásis de Deus nos desertos da Terra.

VI – O AVISO

O JOVEM ELIAS RESPONDEU positivamente ao tratamento do terapeuta, mas ainda seguia sedado e sob os cuidados diretos do médico e de seus auxiliares. Era o segundo dia depois da traumática vivência e a noite já se fazia presente quando uma movimentação na casa maior provocou algum alarde.

Algumas pessoas apressadas buscaram o médico, para que ele fosse ver o jovem enfermo, com urgência.

Ao perceber aquela agitação, o velho Natanael sentiu o seu coração apertar no peito, era uma dor quase palpável. Talvez o seu neto estivesse mal. Sentiu que o nível de ansiedade cresceu novamente, pois, que já se sentia um tanto mais calmo ao ouvir aquelas histórias do ancião Yoachim.

Agora seu coração ficava novamente opresso e angustiado, trazendo-o novamente a dura e cruel realidade.

Assim o médico foi localizado e levado, às pressas, à presença do jovem ferido.

Ao adentrar no pequeno quarto, os seus auxiliares-aprendizes estavam cercando o menino e amparando-o no leito rústico.

O rapaz se encontrava assentado sobre a cama, lavado em

suores, com os olhos arregalados, boquiaberto e com a respiração acelerada.

Rapidamente o médico se aproximou e, colocando a mão na testa e depois lhe segurando as mãos, verificou que, estranhamente, não havia febre. A temperatura do menino parecia normal.

O médico observou atentamente os olhos do adolescente que pareciam vidrados no invisível.

Podia ser ainda reflexo do choque, pensava o terapeuta, buscando em seus arquivos mentais algum medicamento que pudesse ser utilizado.

Foi quando uma voz de homem adulto, muito diferente da voz do adolescente, se fez ouvir através dos lábios do menino Elias:

- Shalom, meus irmãos. Saudações, irmão Theophilo. Não se preocupem o rapaz irá se recuperar.

Todos os presentes se entreolharam curiosos e silenciosamente atentos. A voz continuou pela boca do menino:

- Venho para avisá-los: saiam de Jerusalém! Abandonem a cidade o mais rápido que puderem. Uma grande tempestade de fogo cairá sobre a cidade. Sigam para o norte, deixem para trás tudo o que não puderem carregar em suas próprias mãos. Partam sem demora da cidade. Como falou o Salvador: não ficará pedra sobre pedra.

E Theophilo, admirado, mas sem se perturbar diante do fenômeno, perguntou:

- Quem é você, meu irmão, que nos fala agora através da boca deste jovem?

E todos os presentes ouviram em alto e bom som:

- Eu sou Yacob, o comerciante de Jericó, vosso irmão. Alerto-vos em nome do nosso Salvador, Yeshua ben Yosef. Saiam de Jerusalém. Não percam mais tempo. Fiquem em paz.

Logo após aquele fenômeno, presenciado por várias pessoas que ali estavam, que observavam entre as portas e as janelas, o menino Elias se deitou, fechou os olhos e dormiu profundamente, como se nada houvesse ocorrido.

Theophilo recomendou que os seus discípulos continuassem a se revezar na cabeceira do jovem doente, enquanto ele se dirigia apressado aos líderes daquela comunidade, solicitando uma reunião urgente.

Infelizmente, pensava ele, aquela mensagem confirmava as péssimas notícias que ele já havia recebido anteriormente, quando voltava do norte.

TODOS ESTAVAM CIENTES DE que a cidade de Jerusalém, devido às constantes agitações políticas promovidas pelos grupos rebeldes e contrários ao governo romano, já era motivo de preocupações e de reações no alto escalão governamental de Roma.

Há algum tempo os espiões de Roma, infiltrados nos movimentos rebeldes, já sabiam das intenções de rebelião na região.

As múltiplas tensões provocadas pelos constantes atritos conduziam, certamente, para um trágico desfecho.

Diante dos últimos acontecimentos e daquele fenômeno que considerou profético, Theophilo solicitou uma reunião urgente com os líderes da comunidade do Caminho.

Assim, diante dos principais membros do conselho dos anciãos da comunidade do Caminho de Jerusalém reunidos o médico informou que anteriormente soubera, que talvez duas ou mais Legiões se movimentavam na distante Antioquia.

As tropas do norte estavam sob o comando direto de um dos mais severos generais de Roma, o cruel Vespasiano[24], e

24. *Titus Flavius Vespasianus* (9 d.C. – 79 d. C.), foi o primeiro imperador da dinastia (Gens) flaviana.

que este, geralmente, se fazia acompanhar de seu também temido filho, o general, Tito.

Era certo que, pela fama beligerante daquele líder romano, caso ele estivesse realmente marchando em direção a Jerusalém não havia tempo a perder.

De acordo com o médico, era necessário e urgente salvarem o maior número de pessoas que lhes fosse possível.

E o tempo era, com toda a certeza, muito curto.

Theophilo, aproveitando o momento de reunião, corroborou:

– O jovem tem o dom da profecia, certamente os espíritos do Senhor se serviram dele para nos alertar, confirmando a gravidade do momento que chegará. A decisão final cai sobre nossas cabeças e não devemos repudiar o auspicioso aviso.

E diante do silêncio dos que o ouviam disse ainda:

– Tanto eu quanto os senhores e senhoras temos testemunhado casos semelhantes de profecias que ocorrem nas várias comunidades do Caminho. Em todas as comunidades pelas quais percorri temos presenciado as manifestações de espíritos do Senhor e considero, particularmente, o fenômeno que se deu entre nós como verdadeiro. Coloco em votação aqui e agora que este menino, caso seja do seu agrado bem como do seu parente, permaneça conosco. E é nosso dever avisarmos as outras comunidades, sem demora.

O terapeuta terminou sua fala lançando um olhar grave para o avô do menino que a tudo observara perplexo e boquiaberto, que estava ali próximo alguns poucos passos.

O conselho concordou com a permanência do menino e do seu avô na comunidade, caso assim desejassem.

E imediatamente providenciaram os mensageiros para formarem a necessária e urgente rede de avisos.

VII – NA TERRA DOS GENTIOS

ALGUM TEMPO DEPOIS...

Por meio de demorada e cansativa jornada, Aelius e seus legionários seguiram, em caravana, a longa rota terrestre de Jerusalém até o porto de Jope.

No porto de Jope, diante do clima favorável naqueles dias, embarcaram e navegaram pelo Grande Mar (ou o *Mare Nostrum*[25], como afirmavam, orgulhosamente, os conquistadores romanos), até alcançarem o porto sírio-fenício de Ptolemaida.

Após alguns dias na vila do Porto de Ptolemaida, continuaram pela rota terrestre que ligava aquele porto à cidade Cafarnaum, cidade na qual ele e seus homens assumiriam os seus postos, junto ao destacamento romano daquela região.

Ao chegarem a Cafarnaum, foram recebidos com cordialidade e certo entusiasmo pelo centurião local, Claudius Rufus, que também ocupava naquela cidade a função de administrador dos interesses romanos, junto aos líderes judeus locais.

– Ave César! Sejam bem-vindos, nobres legionários. Há

25. Do latim, 'Nosso Mar', referência ao atual Mar Mediterrâneo que, naquela época, era dominado e controlado pelos romanos.

algum tempo estávamos solicitando reforço para este nosso destacamento. Até que enfim, fomos parcialmente atendidos. Os deuses devem estar sorrindo. Decurião Aelius Varus, sua fama, lealdade e coragem o precedem - falava, em forçado tom amigável, o centurião - como você já deve saber, há rebeldes por toda parte. Já informamos isto aos generais em Roma. Precisamos urgentemente de mais homens aqui.

Coube a Aelius, em seu posto de decurião, a apresentação do grupo de legionários ao seu novo líder militar. Dizendo:

- Ave César! Salve centurião Claudius. Estamos nos apresentando por ordem da liderança do destacamento localizado em Jerusalém, conforme este documento que agora lhe passo às mãos. E, doravante, estaremos sob vossas ordens diretas, pelo interesse e glória de Roma, meu senhor.

E, assim, o centurião-chefe recebeu o documento oficial das mãos de Aelius e leu a carta assinada por aquela chefia militar romana localizada em Jerusalém, com grande ar de satisfação.

Logo em seguida os legionários foram conduzidos aos seus novos aposentos militares, receberam dois dias livres para o merecido descanso, após aquela fatigante viagem e para se adaptarem às novas acomodações e, também, caso desejassem, para explorar e conhecer um pouco melhor a região.

Uma parte do pequeno grupo preferiu recolher-se para tentar recuperar as energias através do sono reparador. Mas, a alma inquieta de Aelius não permitia descanso, que ele considerava desnecessário naquele momento.

Após consultar seus soldados, percebeu que dois deles estavam dispostos a segui-lo em rápida incursão de reconhecimento pela região.

Assim, após buscar as orientações básicas sobre a segurança e os possíveis riscos do local, partiu com seus homens, trajando roupas civis para evitar chamar a atenção em demasia.

Naquele primeiro momento, não era intenção se afastar

demais do aquartelamento, somente o necessário para perceber a movimentação da população local.

Aelius sabia que para reconhecer a região, naquelas circunstâncias adversas, o seu melhor aliado seria o tempo seguido de muita atenção criteriosa.

Após alguns minutos de caminhada, os romanos, em trajes civis, mas portando suas espadas que seguiam escondidas por baixo das túnicas, bem como suas adagas sob as dobras dos seus mantos, perceberam que as características locais eram bem diferenciadas das de Jerusalém.

A movimentação de pessoas era, de certo modo, semelhante às feiras livres de Jerusalém. Contudo, a presença e a circulação de estrangeiros eram evidentes.

Algumas pessoas puxavam animais. Muita algazarra de grupos reunidos. Músicas vindas de diferentes lugares, enfim, um emaranhado de gente, como ocorria também em Jerusalém, só que ali com matizes e contrastes diferenciados.

Aelius imediatamente percebeu que havia sim um número significativo de estrangeiros, além dos diferentes trajes as pessoas se comunicavam em aramaico, em latim, em grego e em outros idiomas que ele não conhecia e não conseguia definir.

Aelius havia aprendido, em Jerusalém, o hebraico elementar, também possuía algumas noções de grego, o suficiente para se comunicar, porém, era escasso o seu conhecimento do aramaico, dialeto que naquelas circunstâncias, ele considerava de vital importância e que devia aprendê-lo com urgência.

Certamente, pensava ele, a questão do idioma era um problema, pois, a comunicação direta seria um tanto quanto complicada no início. Mas, ao mesmo tempo, refletia que aquele fenômeno poderia representar uma vantagem estratégica, porque, os obstáculos idiomáticos, das muitas línguas diferentes ali faladas, também dificultariam, certamente, as possíveis ações de articulações de rebeldes.

De qualquer forma, Aelius faria esforços no sentido de reconhecer e localizar as tramas políticas que pudessem representar ameaças a Roma e, obviamente, manteria a liderança militar de Jerusalém sempre bem informada.

Saindo do aglomerado citadino, Aelius caminhou em direção à praia, com seus dois seguidores, queria tomar um pouco daquele ar fresco que as brisas do Mar da Galileia traziam.

Algumas árvores frondosas estendiam suas refrescantes sombras que cobriam, com suavidade, as pequenas marolas que quebravam, seguidas vezes na praia.

Mais adiante, aves barulhentas sobrevoavam algumas embarcações que se aproximavam com o produto da pesca realizada, chegando à praia sob o marulho das pequenas ondas.

A curiosidade de Aelius foi despertada por diminuto grupo que se achava assentado não muito distante do local onde ele e seus dois fiéis seguidores estavam.

Alguns homens rudes, algumas mulheres e algumas crianças e alguns jovens permaneciam atentos às palavras de um ancião de barba e cabelos longos e embranquecidos, que eram desgrenhados pelos ventos suaves.

Pelo tipo de vestimenta dos que participavam daquela modesta assembleia percebia-se a penúria e a simplicidade, porém, sem desleixos.

Talvez, fosse aquele um velho líder local dos pescadores, pensou o jovem decurião.

Mas, seguindo o seu instinto militar, sinalizou com a cabeça para os seus dois acompanhantes que, muito discretamente, foram se aproximando do modesto grupo de ouvintes.

Obviamente, o interesse de Aelius era o de ouvir e identificar qualquer tipo de discurso contrário a Roma. Porque grupos reunidos podiam representar problemas, especialmente na Galileia, cuja história era farta de relatos de rebeliões.

Umas trinta pessoas estavam ali reunidas e estavam tão interessadas nas palavras daquele ancião que mal perceberam a presença dos três homens estranhos.

O velho falava em hebraico, mas com algumas expressões em aramaico, para o alívio do jovem Aelius que assim podia entender a conversa quase totalmente.

O ancião dizia, inspirado por forças invisíveis, com sua voz rouca e calma:

- O Salvador, nos ensinou que devemos seguir adiante, resignados, passarmos pelas dores do mundo, sem revoltas ou mágoas no coração. Ele, o Mestre, disse, no monte aos que o ouviam: "Sigam adiante, avante, todos os que sofrem, porque serão consolados". Muitos dos que vivem aqui, em Cafarnaum, foram beneficiados pelo Salvador.. Certamente, vários deste nosso grupo, conhecem alguém que recebeu do Rabi da Galileia alguma bênção.

Ao ouvir as palavras do ancião uma senhora, também em idade avançada e que se apoiava em uma adolescente, estendeu a mão e pediu para dar o seu testemunho. O ancião, afirmando com a cabeça, aprovou sua intenção e todos olharam em sua direção, atentos:

- Sim, meu irmão. Eu mesma conheci, pessoalmente, o liberto da casa do antigo chefe romano que fora curado pelo Salvador. Todos os moradores de Cafarnaum souberam do acontecido naquele tempo. Nós que vivíamos nas proximidades daquela casa, dávamos por certa a morte de ex-escravo e temíamos mesmo que ele estivesse com alguma peste. Minha prima trabalhava naquela mesma casa e disse que o liberto estava se transformando em uma horrível caveira humana. Ele, muito doente, já não comia, não bebia, não falava e mal respirava. Isto ocorreu não faz tanto tempo.

Ao ouvirem o testemunho, os presentes soltavam exclamações de espanto e murmuravam entre si, como que concordando com as palavras daquela senhora em idade mais avançada do que a maioria dos que ali estavam.

O orgulhoso Aelius, em seu primeiro dia na região, foi surpreendido com a informação da existência de um velho centurião romano, daquela cidadela que, certamente, lhe merecia atenção investigativa.

Caso tal servidor romano ainda estivesse vivo podia ser uma influência negativa para os demais militares da região. Afinal, tratava-se de um cidadão romano, um chefe militar, e isto, por si só já era uma informação importante, embora negativa, de acordo com as suas reflexões.

E, retomando o seu discurso, o velho orador afirmou com os olhos vidrados no horizonte, parecendo vislumbrar algo que os demais não podiam ver:

– Sim, meus irmãos e minhas irmãs, nós fomos visitados pela Luz dos Céus, o Salvador veio para que pudéssemos ser libertos, primeiro, de nós mesmos, das nossas imperfeições, das nossas baixezas. E somente quando nos amarmos como o nosso Mestre nos amou e ensinou, conheceremos a verdade. E essa verdade será a nossa libertação das trevas deste mundo. Ainda que a maioria do povo de Cafarnaum lhe tenha negado a existência santa. Eu mesmo conheci pessoalmente o ex-escravo dessa história e tive a grata satisfação de me tornar seu amigo, ele também se fez ardoroso seguidor de Yeshua.

O ancião, parecendo despertar de estranho transe, por um breve segundo olhou na direção de Aelius e terminou o seu discurso, dizendo:

– O Salvador Yeshua nos ensinou ainda que, a Casa de Nosso Pai, que está nos céus, nunca está pobre de misericórdia e de esperança. Cada um de nós entenderá isto, mais cedo ou mais tarde, seja pela lei do amor ou pelo flagelo da dor.

Que a nossa escolha seja a lei do amor e da fraternidade. Que o nosso Mestre, tenha compaixão de nossas pobres almas. Agora e sempre! Que assim seja!

Aelius estava impressionado com a figura daquele ancião e o seu discurso era um tanto quanto estranho, deixando confusa a mente do jovem e orgulhoso decurião, naquele momento.

Seria aquilo algum tipo de código?

Mas, o velho não lhe parecia ameaçador, pensava o desconfiado decurião, contudo, em se tratando de judeus, todo cuidado era pouco. Melhor seria averiguar estes grupos e não perdê-los de vista.

Aelius e os seus homens se afastaram rápida e sorrateiramente em meio aos ouvintes que se encaminhavam em direção ao velho orador para cumprimentá-lo, abraçá-lo ou buscar outras orientações.

Os olhos cansados do ancião acompanhavam os três forasteiros a se distanciarem pelas vielas que conduziam à cidade.

E ao se apoiar em seu cajado para levantar-se era possível ver em seu dedo anelar da mão esquerda, enrugada e cheia de cicatrizes, onde brilhava um antigo anel de centurião do Império Romano.

Reunidos na praia estavam os poucos seguidores do Rabi da Galileia e na cidade de Cafarnaum aquele velho pregador respondia pelo nome Cornelius. Quando um homem jovem se aproximou e após abraçar carinhosamente o ancião disse:

– Vamos meu avô, amanhã cedo voltaremos para a nossa Césareia, e o senhor deve descansar para a viagem.

E saíram, calmamente, seguidos de perto por meia dúzia de simpatizantes alegres.

O sol se colocava lentamente entre as elevações distantes, colorindo a paisagem em tons de vermelho e laranja. E as aves estridentes começavam a buscar as suas árvores-ninhos, em meio aos seus bandos alados multicores.

Era o entardecer do primeiro dia de Aelius na bela cidade de Cafarnaum, e aquele foi o seu primeiro contato direto com um dos homens da comunidade do Caminho naquela região.

VIII – RUMO À LIBERDADE

DE VOLTA À COMUNIDADE do Caminho em Jerusalém.

Os anos que se seguiram foram muito graves na história da cidade sagrada.

Pelo menos três facções diferentes lideradas, respectivamente, pelos sicários, pelos zelotes e pelos líderes do Grande Templo estavam planejando a invasão e captura da Torre Antonia, ligada ao Grande Templo.

Certamente aquele seria um ato de muita ousadia, de muita dificuldade e extremamente perigoso.

Desde alguns anos anteriores, as constantes crises geradas, especialmente, pelos zelotes, deixavam a cidade em polvorosa. Por diversas vezes as tropas romanas locais agiram com extrema violência para conter os levantes repetidos.

Nas ruas as revoltas eram motivadas, principalmente, pelas altas taxas de impostos cobradas pelos romanos e esta era a causa primeira dos levantes constantes. Além do grande desprezo que os judeus, em especial os de Jerusalém, demonstravam pelos dominadores, as taxas cobradas eram elevadas com muita frequência.

Assim, a cidade toda era um gigantesco "barril de pólvora" pronto para explodir a qualquer momento. E os romanos sabiam disto.

Do mesmo modo já era sabido que havia uma grande movimentação de tropas romanas, talvez quatro ou cinco Legiões[26]. Boa parte delas vinda principalmente de Antioquia.

Algum tempo após a primeira grande reunião na comunidade do Caminho, o *Conselho dos Anciãos* foi reunido novamente, em caráter de urgência.

Assim, durante a segunda grande reunião foi decidida a retirada de todos os membros da comunidade do Caminho da cidade de Jerusalém, bem como os demais amigos e parentes que desejassem se unir ao grupo em fuga.

Com certeza Roma estava se preparando para uma guerra, ninguém mais duvidava disto.

Entre outros motivos que levaram a tal decisão de invasão e guerra por parte de Roma, estava a desmedida ambição romana que fora despertada, principalmente, pelas riquezas do Grande Templo de Salomão - fortuna da qual os sacerdotes costumavam se gabar perante as autoridades romanas localizadas em Jerusalém.

Os funcionários do Grande Templo não imaginavam que com a arrogância gerada pela vaidade extrema do abundante ouro acumulado, estavam alimentando a cobiça insaciável da faminta e feroz loba romana.

E a constante presença e as ações dos rebeldes sicários, entre outros terroristas anti-romanos, eram outro forte motivo para a reação militar romana.

Todos os que viviam naquela região sabiam das condições graves e complicadas que a cidade atravessava e tal fato causava ansiedade maior ainda.

---

26. Uma Legião romana podia ter, em média, cinco mil (5.000) soldados.

As lideranças das diversas comunidades do Caminho de Jerusalém sabiam dos perigos com os quais estavam lidando. E que era urgente o planejamento da saída estratégica, pois não deveriam despertar a atenção das tropas romanas de Jerusalém, pois os resultados seriam devastadores.

Ao mesmo tempo deviam utilizar rotas alternativas para não cruzarem com as Legiões em deslocamento.

Yochanam um dos velhos líderes do Caminho dizia, preocupado:

- Devemos retirar o máximo de pessoas, no menor espaço de tempo e sem atrair as atenções. Necessitamos de todo o cuidado que esta delicada situação exige.

Ao que outro conselheiro, de nome Mathias, complementou:

- Comecemos agora mesmo os preparativos de saída. Há longos anos a segurança em Jerusalém deixou de existir.

Todos os presentes concordaram e se comprometeram em avisar a todos os que lhes eram caros ao coração, pedindo, porém, cautela nas ações de fuga.

Nos dias seguintes foram, então, traçadas as linhas de retirada estratégica das mulheres e das crianças, em primeiro lugar. Imediatamente após, os mais velhos sairiam.

Finalmente, eles concordaram que deveriam formar pequenas caravanas, disfarçados de comerciantes, para poderem abandonar Jerusalém, sem promover a desconfiança dos guardas romanos que eram sempre muito astutos.

E assim foi feito.

Dia após dia, pequenos grupos se reuniam nas cercanias da cidade, sem levarem muita bagagem, para seguirem unidos para o norte.

Enviaram mensageiros secretos alertando a todos dos perigos eminentes, informando as demais comunidades do Caminho de Jerusalém, que naquele período conturbado também se mantinham em lugares escondidos.

A comunidade que recebera o velho Natanael e o seu neto Elias, foi, aos poucos se esvaziando, seguindo para o norte, em direção à Galileia.

Seguiriam em direção ao norte, para as margens do Mar de Genezaré. E o destino era a cidade de Migdal.

Corria o ano 65...

IX – Planos sombrios

POUCO TEMPO DEPOIS, NO interior do Quartel General romano.

No pátio da Fortaleza Antonia, que ficava anexada ao Grande Templo judeu de Jerusalém, uma grande agitação podia ser percebida.

Outra reunião estava para começar, naquele mesmo momento.

Sob as ordens diretas do Tribuno[27], o centurião chefe, Cassius, andava nervosamente, de um lado para o outro, enquanto aguardava os seus centuriões, para informá-los sobre as últimas determinações recebidas, eram ordens militares com a assinatura do próprio Vespasiano.

– Pelos deuses! – exclamava agitado – até quando terei que aguardar estes que eu comando? Por acaso ainda não sabem quem é o chefe aqui?

O grupo de centuriões adentrou unido, porque ne-

27. Chefe militar (às vezes, também, denominado "Prefeito") nas Províncias romanas, eram nomeados pelo Senado Romano. Tinha sob o seu comando cinco (5) ou seis (6) centuriões. Era, geralmente, o líder da Coorte Romana local.

nhum deles queria ser o último a chegar naquela reunião, obviamente.

Foram encaminhados para o salão maior e trancaram as portas por dentro.

Cada um ocupou o seu respectivo lugar de rotina, formando um semicírculo e saudaram o líder a uma só voz:

- Ave César! Ave Centurião chefe Cassius! Aqui estamos para a maior glória de Roma e para servi-lo!

Sem desejar rodeios ou maiores floreios o líder militar falou, com ar solene porém cheio de enfado:

- Sabemos das consequências geradas pelos conflitos que estão ocorrendo desde o ano passado. Do norte nos chegaram as últimas notícias sobre a marcha das Legiões, que vêm em nossa direção. Obviamente, pedimos auxílio e seremos colaboradores dos generais Vespasiano, Tito e Trajano. Repito, eles já estão marchando em direção a Jerusalém e as nossas ordens são para resistirmos aqui. Devemos reforçar a segurança na Antonia para que os vermes rebeldes não consigam invadi-la. Os nossos mensageiros nos avisam que pelo menos cinco Legiões estão vindo para cá. E, em breve, os judeus conhecerão a força do punho de Roma.

O problema maior era que a Fortaleza Antonia, há cerca de dois anos, vinha sendo sistematicamente atacada pelos zelotes e pelos sicários.

E as várias tentativas de invasão foram informadas à capital romana, que respondeu com o envio de novas tropas. Neste sentido era fundamental guardarem aquele ponto militar estratégico.

O chefe militar romano ainda completou:

- Contudo, chamei-os aqui para tratarmos de assunto mais interessante. Aqui entre nós, quero saber, agora, quem estará comigo quando atacaremos o tesouro do templo? Desejo saber de vocês, neste exato momento, com quem eu poderei contar?

Certamente, os benefícios serão partilhados igualmente. E, obviamente, não vamos aguardar as tropas de Vespasiano.

Os centuriões se entreolharam, sorridentes e, um após o outro, foram afirmando:

- Conte comigo, senhor! - disse o primeiro:

- Comigo também, nobre chefe - afirmou outro.

Após a confirmação do último centurião, o centurião chefe, com um brilho malévolo em seus olhos, esfregou as mãos e finalizou:

- Não preciso relembrar que os vossos silêncios representam as vossas vidas - olhando friamente para cada um dos homens ali presente. Disse ainda: - Tudo foi detalhadamente planejado e teremos a participação de dois sacerdotes que amanhã à noite nos abrirão as portas na hora marcada. Depois que eles nos deixarem entrar não nos serão mais úteis, podemos descartá-los. Assim, dividiremos somente entre nós o tesouro. É a parte que nos cabe pelos bons serviços prestados à nossa "mãe Roma" neste fim de mundo.

O chefe militar deu por finda a reunião, convidando os seus "sócios" para um cálice do melhor vinho que possuía, porque aquela era uma ocasião muito especial e todos sorriram satisfeitos.

Contente com a reunião o líder militar afirmou ainda com seu ar superior:

- Vamos comemorar. Caminhemos para o salão de festas porque nos aguarda farto banquete, com deliciosos alimentos, vinhos e saborosas escravas.

Todos riram e caminharam alegres com o corrupto chefe. E alguns já pensavam em como poderiam se livrar de alguns colegas, para aumentarem os próprios espólios.

No entanto, contrariando os sórdidos planos dos militares romanos locais, antes do planejado assalto ao tesouro do Templo de Salomão, naquela mesma noite, vários grupos de rebeldes judeus armados caminhavam silenciosos e unidos em direção à Torre Antonia, sorrateiramente ocultos pelas sombras.

Os guardas romanos de vigia foram, um a um, tombando aos golpes das silenciosas adagas ou atingidos pelas flechas certeiras que cruzavam silenciosamente o céu noturno.

Uma grande parte dos legionários daquela coorte era formada pelos temidos "degoladores", que eram duplamente odiados pelos judeus e que no desenrolar da invasão não foram poupados.

E os mesmos centuriões que pretendiam assaltar o Grande Templo foram surpreendidos pelos invasores enquanto ainda desfrutavam do banquete com o seu chefe militar. Embriagados pelo vinho farto, todos foram mortos.

Assim no ano 66, a Torre Antonia foi invadida e totalmente dominada pelas forças rebeldes de Jerusalém.

Com tal ato estava declarada e iniciada a guerra contra a poderosa Roma.

Infelizmente, durante os quatro anos seguintes as lideranças rebeldes que assumiram as rédeas da cidade se transformaram em carrascos de seu próprio povo.

Os líderes rebeldes, ao tomarem o controle da cidade cometeram toda espécie de crimes, de violências e de abominações, contra os seus próprios irmãos.

E sem a ameaçadora presença militar romana, os grupos dominantes ficaram cegos pelo poder, cobrando até mesmo pedágios para quem desejasse sair ou entrar na cidade santa.

E Jerusalém chorou...

Quatro anos após a invasão da Torre Antonia, no ano 70, a cidade de Jerusalém foi sitiada.

As armas de guerra romanas foram largamente utilizadas. Uma tempestade de fogo caiu sobre a cidade.

Durante vários dias o céu ficou escuro pelas fogueiras dos conquistadores.

Gritos e ranger de dentes foram ouvidos, durante muito tempo, em todas as ruas da cidade.

E o Grande Templo foi invadido, saqueado e completamente destruído e os sacerdotes eliminados, sem piedade.

O centro da cidade, nos arredores do Templo, foi impiedosamente dizimado pelas tropas lideradas pelos cruéis generais Titus Flavius e Vespasianus, filho e pai respectivamente.

O tesouro do templo foi repartido e depois levado pelos generais romanos conquistadores para Roma como espólio de guerra.

Inúmeras crianças e mulheres judias, naqueles dias terríveis, também foram capturadas e levadas para as feiras de escravos na velha capital do Império e também de outras regiões.

A trágica história daqueles dias tenebrosos e sangrentos seria contada pela posteridade, tamanha a crueldade dos invasores romanos.

Os poucos homens judeus, jovens ou adultos, que mantiveram as suas vidas foram aqueles que conseguiram debandar e fugir para bem longe na hora extrema da batalha final entre as forças oponentes.

Indubitavelmente as tropas romanas eram numérica e tecnicamente muito superiores.

E, da antiga suntuosidade orgulhosa da qual se revestia o Grande Templo de Jerusalém, como anos antes previra o Profeta da Galileia, não ficou pedra sobre pedra.

Sob o fumo escuro o céu de Jerusalém permaneceu sombrio durante semanas. E a cidade toda chorou o pranto amargo da derrota e da destruição. Da antiga maravilha do mundo antigo só restou o pranto e o ranger de dentes.

X – Destino alterado

Em Cafarnaum... Tempos antes da tomada de Jerusalém, existia no ar muita revolta por parte dos judeus, mas o Império Romano não estava disposto a perder aquela região estratégica e novos governantes romanos assumiram o comando da Palestina dividida.

Em todo o antigo Oriente Médio, o número de soldados romanos cresceu exponencialmente, mais aquartelamentos foram criados e outras Legiões foram enviadas em reforço para aquela região.

Aelius ainda aguardava ansioso por nova carta de seu velho pai que, há alguns meses, mandara notícias da capital do Império, onde articulara a transferência do filho, bem como a promoção do mesmo ao cargo de centurião.

Mais alguns meses e ele retornaria a sua tão amada Roma, a capital do mundo. Talvez a sua família lhe arranjasse um casamento com alguma matrona romana de boa família, pensava, e assim ele poderia construir um futuro na capital, junto aos seus.

Em Cafarnaum, com o passar dos meses, o jovem decurião

reconstruiu sua rude fama de fidelidade ao Império, sob os estalos do chicote e sob os golpes de bastão.

Havia também, com algum tempo de serviço, conquistado a confiança do seu atual centurião-chefe - embora, jamais tivesse confiado plenamente no seu novo líder.

Certa manhã, após os exercícios físicos matinais costumeiros e um farto desjejum, reuniu sua patrulha para as rondas rotineiras pelas ruas da cidade.

Movido por forças que desconhecia, Aelius resolveu avançar para fora das ruas principais. Assim ele fazia quando queria reconhecer novas rotas e ainda estender o seu policiamento.

Subdividiu a decúria em dois grupos para melhor abrangência e fiscalização do local e combinou de se reencontrarem à hora do almoço para, então, retornarem juntos ao quartel.

Poucos minutos depois, mais afastados e indo em direção às fazendas agrícolas, pela empoeirada estrada de chão batido, o grupo que ele mesmo escolheu e liderava reparou uma estranha figura que vinha ao longe.

Era uma pessoa vestida com mantos escuros e rotos, naquele sol impiedoso que fazia, causou imediata suspeita em Aelius.

Por que aquelas vestes pesadas em dia de tanto calor? Estaria aquela criatura escondendo algo, seriam armas, talvez?

Ao se aproximarem um pouco mais, começaram a ouvir uma estranha voz lamentosa e pouco inteligível, que repetia em aramaico:

- Imundo passando. Sujo passando. Impuro passando.

Ao ouvirem também o som de um estranho sino que o infeliz trazia amarrado em seu pescoço o grupo de soldados logo compreendeu do que se tratava e, muito assustados, os legionários supersticiosos recuaram alguns passos, dizendo:

- Nobre decurião Aelius, é um leproso. Vamos sair daqui, não podemos nos arriscar com este ser infeliz. É a peste em vida, vamos embora daqui, meu senhor.

O jovem e orgulhoso decurião olhou com reprovação para os seus comandados, considerando-os covardes e supersticiosos demais. E disse-lhes com extremada ironia, arrogância e desdém:

– E vocês acham que um legionário de Roma deve temer um verme judeu doente? Desde quando Roma abre passagem para os insetos da terra? Passe-me cá o bastão, ele vai experimentar a mão de Roma. Vai saber quem é que deve abrir o caminho. Saberá a quem pertence as estradas do mundo todo.

Assim, de posse do bastão longo, avançou enérgico em direção à infeliz criatura que mal conseguia andar.

Ao observar que o soldado romano vinha em sua direção, marchando com decisão e com o olhar enfurecido, o leproso recuou e tentou se esconder nos matos que beiravam a estrada. Jogando-se entre espinheiros e galhos secos, tentou afastar-se da estrada.

Mas, o atlético e covarde decurião o alcançou e, antes que pudesse dizer qualquer coisa, uma bastonada lhe atingiu as costas fazendo-o rolar pela relva.

O doente tentou pedir clemência erguendo as mãos na frente do rosto deformado pela grave doença, contudo, o jovem e forte decurião já estava descendo a segunda bastonada em direção à cabeça do pobre miserável.

O violento golpe atingiu em cheio a face do infeliz homem, arrebentando-lhe as pústulas infectas e fazendo jorrar em profusão sangue e muco do nariz e da boca.

Respingos da fétida e viscosa substância, uma mescla de sangue, de suor e de pus, alcançaram o rosto desprotegido do decurião, atingindo-lhe diretamente a boca e os olhos.

O doente gemeu e perdeu os sentidos, rolando pelo chão, quando Aelius, enfurecido ainda, lhe desferiu um vigoroso chute nas costas, fazendo-o rolar para mais distante da estrada.

Aos gritos o decurião disse ao aterrorizado doente, enquanto esfregava o rosto tentando limpá-lo da substância pegajosa e fétida:

– Nunca mais ouse cruzar o caminho de um romano, desgraçado. Você não passa de lixo animalesco e podre. Criatura monstruosa afaste-se da cidade, isto é uma ordem. Caso nos encontremos novamente a sua morte será certa.

Ao passar a mão no rosto suarento, o decurião sentiu o odor fétido daquela substância pegajosa que lhe escorria pela face. Cuspiu, limpou enojado as suas mãos na grama, depois na terra e finalmente na própria túnica; voltou para a estrada, para junto do seu grupo.

Os seus soldados o olhavam com espanto e temor, porém, nada disseram por bem conhecerem o caráter irritadiço do chefe imediato.

Bufando de cólera e com seus dentes cerrados, Aelius disse aos seus homens:

– Voltemos logo para a cidade, tenho que me lavar. Estou fedendo como um porco imundo. Esse monstro judeu não vai mais se aproximar da cidade. Tomara que morra aqui mesmo. E, se algum de vocês avistá-lo novamente, avisem-me, pois será a última viagem desse infeliz. Vamos, já se aproxima a hora do almoço.

Assim, conforme o encontro, anteriormente combinado com o outro grupo, a decúria retornou ao quartel, onde Aelius buscou limpar-se, lavando-se.

Os soldados, ainda assustados, comentavam entre si, após o afastamento do líder, sobre a má sorte de haverem encontrado o leproso e, alguns, consideraram, sim, aquilo um mau presságio.

Aelius, em seu grande orgulho romano, ainda não sabia, mas a sua história de vida acabara de ser profundamente alterada pelo mau uso do seu próprio livre-arbítrio.

Na Lei do Universo quem semeia vento invariavelmente colhe tempestade.

E o tempo, o severo senhor da vida terrestre, correu célere.

XI – Migdal

TODA A REGIÃO DA velha Galileia era, geralmente, conhecida por sua mistura de culturas e, consequentemente, o convívio de pessoas das mais variadas regiões.

Por ser uma rota de caravanas que a cruzavam vindas do oriente ou do ocidente, a Galileia recebia, todos os dias, viajantes de todas as partes do mundo antigo.

Não muito distante de Cafarnaum, havia mais uma comunidade que fora formada pelos antigos habitantes locais do Caminho na vila de Migdal.

Migdal, naquela época, era uma cidadela situada às margens do Mar da Galileia, cuja vida era mantida, principalmente, pelo grande comércio e, em especial, pelo velho mercado de peixes frescos ou secos e salgados.

Como todas as cidades da região, havia uma feira central onde eram negociados todos os tipos de mercadoria, dos tecidos e perfumes aos alimentos e objetos de uso geral.

Barracas variadas eram espalhadas pela região central na

qual circulavam dezenas de pessoas que vinham de todas as partes do Yam Kineret[28].

Pescadores, agricultores, artesãos, curtidores, oleiros, enfim, aquele era um grande centro de comércio da região.

Havia ali uma grande circulação de estrangeiros, eram representantes de vários povos, por isto mesmo, era possível se ouvir vários idiomas e dialetos diferentes e, nos negócios, de forma ampla, a língua grega era decisiva para comunicação e entendimento geral.

Animais de todos os tipos eram avistados e colocados à venda: aves diversas, camelos, ovelhas, cabras, bois e vacas, cavalos e outros mais.

Os aromas e os perfumes se misturavam nas cercanias das barracas que vendiam tecidos vindos do oriente, azeite, óleos finos, incensos, etc.

Os gregos batizaram a pequena cidade de Tarichea, mas os moradores do local a denominavam Migdal, a Torre.

Do mesmo modo, Migdal também era rota de caravanas e, por isso mesmo, a pequena cidade vivia em grande movimento e agitação de pessoas.

E como toda região onde a circulação de dinheiro é grande, os vícios humanos também são dilatados. Jogos de azar, embriaguez, roubos, furtos e prostituição se faziam presentes, promovendo manchas na reputação da belíssima Migdal.

Opulência e miséria, como duas irmãs grotescas, desfilavam pela cidadela de mãos dadas.

E foi aquela comunidade que recebera os irmãos cristãos que fugiram de Jerusalém antes da formidável queda final da cidade santa.

Um pouco afastada do centro comercial, ficava a vila dos moradores e ainda mais um pouco adiante ficavam as peque-

28. Mar da Galileia.

nas propriedades agrícolas, onde se localizavam os sítios dos criadores de animais, bem como os sítios com os seus respectivos pomares e hortas.

Ao final de uma pequena estrada, entre os pomares e as fazendas, localizava-se o sítio onde se estabeleceu a comunidade do Caminho, que naqueles dias era composta por moradores da região. E teve sua população aumentada quando recebeu as pessoas que vieram do sul, buscando nova moradia e fugindo dos conflitos de Jerusalém.

O líder do grupo vindo de Jerusalém ainda era o ancião Natanael, que em sua idade muito avançada, inteligentemente, preparava seus sucessores. E, entre os jovens varões que o acompanhavam de perto e que por ele eram diretamente instruídos nas sábias lições dos evangelhos, se encontrava um que se destacava dos demais: o jovem Elias.

Com o passar dos anos Elias tornou-se um forte e belo rapaz, que após a morte do seu amado avô - que ocorrera alguns anos após a chegada naquela região -, se dedicou de corpo e alma àquele grupo, cuja convivência lhe fora sempre benéfica, desde o seu trágico acidente.

Para Elias, aquela comunidade representava agora a sua própria salvação, era a iluminação do seu espírito e pela qual nutria infinita e a mais profunda gratidão. A comunidade inteira se transformara em sua família e seu coração, agora lavado nas águas límpidas do evangelho de Yeshua, se modificara profundamente sob a luz, a sabedoria e o amor do Mestre Galileu.

O velho líder Natanael tinha por Elias um zelo paternal que somente a explicação das vidas sucessivas pode justificar. E a dedicação do jovem seguidor de Yeshua, agora renovado em suas palavras, em seus atos, em seus pensamentos e em suas intenções, animavam o velho instrutor e pai espiritual.

Os estudos aprofundados, o trabalho enérgico e as vivências diárias dos evangelhos, transformaram Elias em um dos mais úteis servidores daquela nova comunidade cristã. E, por este mesmo motivo, o velho Natanael o preparava para assumir lugar de liderança no grupo, junto aos demais conselheiros.

Alguns anos após chegar àquela nova residência e depois de haver conquistado muitos corações com seus atos amorosos, com sua dedicação sóbria e suas palavras de carinho cristão, Elias contava entre os seus muitos novos amigos e companheiros de ideais com um jovem varão galileu chamado Yosef, filho de Yacob. E aquele seu amigo e novo irmão era sobrinho de Yeshua, o Salvador.

Após alguns anos de solidificação daquela amizade profunda, certo dia Elias recebeu de Yosef, o parente consanguíneo do Salvador, um presente incomum.

Tratava-se de uma muleta.

Ao receber a peça Elias percebeu a haste cuidadosamente confeccionada em madeira nobre, toda ela harmoniosamente lixada e encerada, cuja extremidade superior fora produzida e adaptada em forma de "Y".

Via-se que a parte em forma de "Y", feita para apoiar na axila, fora zelosamente aparada e depois envolvida por faixas de couro de carneiro. As diversas camadas de tiras de couro curtido foram enroladas e trançadas de forma a proteger o usuário e, ao mesmo tempo, amortecer o peso, fornecendo assim o apoio necessário com algum conforto.

De acordo com Yosef aquela muleta já havia sido útil a muitas pessoas. E, também, que servira de modelo para tantas outras peças serem confeccionadas nos mesmos moldes, em variados tamanhos, para serem utilizadas tanto por adultos quanto por crianças, que delas necessitassem.

Quando Elias pegou o objeto em suas mãos pela primeira vez e sem saber ainda da fantástica história de sua confecção, pareceu experimentar um estranho tremor, qual leve descarga elétrica, a circular por sua coluna vertebral e pelos seus membros. Lágrimas de alegria profunda brotaram de seus olhos grandes e escuros e uma alegria sem fim tocou sua alma, enquanto ouvia a narrativa sobre a origem do objeto que agora tinha em suas mãos.

De acordo com o jovem amigo, aquele objeto havia sido preparado e aperfeiçoado pelas próprias mãos de seu tio Yeshua, quando ele ainda trabalhava em sua oficina de carpintaria, na vila de Nazaré.

Após ouvir aquela história e diante de profundo sentimento de bem-estar e de alegria interior, Elias se ajoelhou na frente do sobrinho de Yeshua, apoiando-se em sua nova muleta, encostou a sua testa na haste de madeira e orou com toda a nobreza do seu coração, com lágrimas a lhe escorrerem pela face, em gratidão ao Mestre Nazareno.

O jovem Yacob, também emocionado até as fibras mais íntimas do seu espírito, ajoelhou-se, abraçando aquele seu novo amigo e irmão de alma e orou junto com Elias.

Antes daquele novo instrumento de apoio, Elias utilizava um cajado rústico que lhe fora improvisado pelo seu avô, para se locomover, pois, como se sabe, faltava-lhe a perna esquerda.

Com aquele novo instrumento de apoio, porém, Elias quase conseguia correr de um lado para outro, a muleta era perfeita. Assim pensava Elias:

– Obrigado, Salvador! Agora posso servir aos meus irmãos com mais presteza e rapidez. Serei mais útil do que tenho sido. Obrigado, Senhor! Obrigado, Mestre.

Desta forma, quer durante as suas pregações ou no decorrer dos seus estudos do Evangelho, Elias se desdobrava com alegria no coração.

Nada o impedia, fosse a realização das tarefas de auxílio junto aos doentes que eram atendidos na comunidade, ou nos trabalhos nas hortas e nos pomares a ausência de sua perna transformara-se "em pequeno obstáculo", como ele mesmo sempre repetia alegremente.

Assim, a pequena comunidade do Caminho em Migdal prosseguia em seus trabalhos e serviços de amparo e ajuda aos corações frágeis, cansados e aflitos, sob a égide do Cristo-Jesus naqueles tempos rudes e difíceis, tendo em Elias um grande trabalhador.

XII – Graves mudanças

Os meses passaram céleres...

Estranhamente Aelius sentia seu corpo indisposto e até mesmo, em algumas ocasiões, sentiu-se febril, com dores de cabeça e com dormências nos membros, principalmente, nas mãos e nos pés. Contudo, não dava importância a tais sinais e continuava com a sua vida nos moldes que lhe eram comuns.

Em uma manhã ensolarada Aelius se achava de folga. Aproveitando ocasião de ócio, ele e alguns amigos haviam programado um dia de caça, sairiam pelos campos à procura de algumas aves e outros animais, como os porcos selvagens, que pudessem, mais tarde, se transformar em repasto e serem apreciados ao sabor de boa música romana, de alguns jarros de vinho que foram reservados e, também, desfrutar dos prazeres dos corpos femininos de algumas escravas.

O grupo se encontrou nas primeiras horas do amanhecer e saíram, entre os primeiros goles de bom vinho, armados de arcos e flechas, lanças e fundas.

Nas cercanias de Cafarnaum, não muito distante, existiam

bosques e as elevações nas quais animais de diferentes espécies viviam.

Após algum tempo de caminhada o pequeno grupo se preparou para seus primeiros lances de caça, em matagal próximo, algumas aves gordas foram avistadas e, silenciosamente, Aelius e mais um companheiro legionário, adentraram na mata mais densa tentando não espantar as aves, com seus arcos em punho.

Alguns passos mais e o mato balançou mais forte, o bando de aves assustadas levantou voo e se espalhou pelo espaço, com sonoros grasnados. Aelius correu em direção ao alvo escolhido e disparou a flecha, rapidamente, porém, perdeu o equilíbrio no solo irregular e caiu rolando por suave declínio no solo indo parar sobre um arbusto ressequido.

Suas gargalhadas foram ouvidas ao longe, pelos amigos que ficaram mais atrás, entre as árvores.

Glaucus, o companheiro que não conseguira atirar a sua flecha, sorridente, estendeu o braço ao amigo caído na relva. Aelius, sorrindo também, se ergueu coberto com folhas secas e pequenos gravetos.

– Vamos homem, levante-se – disse jocosamente seu amigo Glaucus. – Que Roma não te veja nesta posição – estendendo o braço ao amigo caído na relva.

E ambos sorriram da queda inesperada do poderoso decurião. Aelius então comentou:

– Acho que acertei a maldita ave gorda. Você viu onde a infeliz caiu?

Glaucus parou subitamente de sorrir, agora estava sério e não respondeu a pergunta do amigo. Ele olhava fixamente para o antebraço direito do companheiro. E, apontando para o local no antebraço de Aelius, observou que um fino filete de sangue escorria e pingava por baixo da grossa pulseira de couro. E, entre espantado e curioso, perguntou ao companheiro de caçada:

- Você não está sentindo nada, não sente a dor? Olhe para o seu antebraço direito - disse apontando para o braço do amigo.

Aelius levantou o antebraço e procurou o ponto em referência. Realmente, havia ali encravado um cardo de mais ou menos uns dez centímetros, metade dele cravado em seu antebraço, porém, ele nada sentia.

Observando com um pouco mais de atenção, viu que o grande espinho estava centralizado em uma mancha arredondada de cor violácea e com as bordas esbranquiçadas.

Agora também admirado e mais curioso que o seu colega legionário, arrancou o espinho e espremeu o sangue pelo orifício para verificar se algum pedaço do cardo havia permanecido na ferida aberta.

Entre curioso e espantado não sentiu a pressão dos seus próprios dedos na região perfurada.

Estranhou e pensou consigo que, assim que voltassem para o aquartelamento, deveria buscar o médico que atendia o pessoal romano. Não havia de ser nada grave, refletiu. E, limpando o local do ferimento com um pouco do vinho que carregava em seu odre, disse ao colega:

- Este foi mesmo um espinho grande. Vamos continuar a nossa caçada, acho que sei onde a ave pode ter caído. Sigamos em frente, o dia está só começando.

Glaucus ficou um tanto quanto ensimesmado, parecia conhecer aquele tipo de mancha, mas não recordava exatamente onde vira aquilo. Deixando de lado os pensamentos mais sérios, voltaram ao divertimento da caçada.

Mais tarde, após um farto dia de caça, como fora programado, os companheiros legionários de folga foram desfrutar os prazeres no melhor estilo romano: vinho, comida e mulheres.

No dia após a caçada, Aelius foi procurar o médico egípcio que fora contratado pelo aquartelamento de Cafarnaum.

Ao chegar no local onde o terapeuta atendia, uma pequena casa fornecida pela guarnição romana como clínica improvisada, Aelius se sentiu desconfortável. Muita fumaça de incensos, folhas e raízes espalhadas em diferentes cestos, desde a entrada. Vários animais secos ou empalhados, vidros diversos contendo animais mortos entre eles cobras, escorpiões, aranhas e besouros, todos mergulhados em líquidos de diferentes cores.

O decurião chamou pelo médico e aguardou.

Surgiu na porta estreita através da cortina de contas um homem magro e alto, de pele morena e trajando-se à moda egípcia. Sua cabeça era totalmente raspada, tinha o rosto magro e afilado, com olhos grandes pintados e negros como a noite, duas orelhas grandes sobressaíam adornadas com estranhos brincos metálicos, o nariz comprido e lábios finos e pintados em tom carmim.

Aelius não gostou do que viu, já acostumado que estava em lidar com pessoas de caráter duvidoso.

Com um falso sorriso nos lábios finos o estranho médico egípcio o convidou a se assentar:

– Por favor, nobre romano, entre em meu modestíssimo lar que é também meu local de trabalho – e fez uma mesura forçada e exagerada.

O terapeuta egípcio ofereceu uma banqueta para que o decurião se assentasse na saleta repleta de vasos, ânforas e vários instrumentos de metal. E olhando o soldado de cima a baixo, como a querer lhe sondar as intenções, perguntou, com a sua voz rouca e sibilina:

– A que devo a honra de vossa visita, mestre oficial? Como poderei eu, este serviçal de Roma, lhe ser útil, meu nobre senhor?

Sem nada falar, Aelius retirou o bracelete de couro adornado com figuras metálicas que cobria parte da mancha em seu antebraço e a mostrou ao estranho médico.

O experiente terapeuta reconheceu, de imediato, aquela mancha avermelhada e de bordas esbranquiçadas e, em rápido pensamento, vislumbrou ali a possibilidade de se aproveitar da situação, disse com voz lenta e baixa:

- O amigo romano percebeu outras manchas como essa em seu corpo forte e vigoroso? Permita-me examiná-lo mais detalhadamente, mas peço que retire a sua túnica e fique de pé ali, perto da luz da janela enquanto pego alguns instrumentos necessários.

Contrariado Aelius retirou os apetrechos de seu uniforme e a túnica ficando somente com a sua tanga e suas sandálias.

Ao retornar com os seus apetrechos o médico admirou com olhos cobiçosos o corpo atlético de Aelius que brilhava de suor ante a luz da pequena janela.

Cuidadosamente o terapeuta se aproximou e ficou observando de mais perto o corpanzil do decurião romano. Vez por outra soltava um suspiro ruidoso e se abanava com o espelho que segurava em sua destra.

Alguns minutos decorridos, ele se dirigiu à parede ao lado da pequena janela e puxou um lençol que cobria um espelho maior fixado na parede. Entregou nas mãos de Aelius o espelho menor e pediu que o decurião olhasse para as suas próprias costas, através do espelho em sua mão.

Aelius então pôde observar que havia também em suas costas outras grandes manchas semelhantes a do seu antebraço.

Um tanto preocupado, o decurião perguntou, sem meias palavras:

- Pelos deuses, o que é isto em mim? Você tem como curar isto?

Aproveitando a deixa, o terapeuta egípcio falou:

- O forte legionário deve estar ciente que este povo ignorante que nos cerca é extremamente supersticioso e mal informado, não é mesmo? Até mesmo entre os seus pares e seus superiores há os que muito temem o que desconhecem.

E após pequena pausa, como que a tentar observar as reações do decurião, continuou sibilinamente:

– A sua enfermidade é considerada por muitos como uma maldição dos deuses, mas eu posso debelá-la, eu posso deixá-lo saudável novamente. Obviamente, os produtos dos quais eu precisarei virão de muito longe, do Oriente distante, e costumam ser bem caros. Mas também sei da grande generosidade dos romanos e como o nobre senhor é um oficial bem remunerado, sei que isto não será um problema.

Aproveitando a pequena pausa do discurso bajulador e entediante, Aelius perguntou sem rodeios:

– Qual é o seu preço? Quanto isto vai me custar? Diga logo do que se trata.

O médico satisfeito com os efeitos da sua conversa maliciosa respirou fundo e comentou:

– Meu senhor, a sua doença é a maldição do mundo, é a peste, também conhecida como lepra. Contudo, a moléstia está no começo e eu posso curá-lo. Para iniciar preciso mandar trazer das terras do Oriente algumas raízes especiais. Para iniciar o tratamento tenho aqui estes remédios que eu mesmo preparei, no valor de dez moedas romanas.

Ofereceu o pequeno pote contendo estranha gelatina e disse mais:

– Até que as outras mercadorias cheguem, não posso ainda dar o valor total. Enquanto isto, eu esperarei o amigo aqui a cada sete dias. Claro que se os seus superiores souberem disto sua carreira estará acabada nas legiões. É claro que não cobrarei pelo meu silêncio, mas aceitarei de bom grado qualquer presente seu. Já vi muitos casos semelhantes e não tenho dúvidas. É a lepra que o ataca, meu senhor.

E antes mesmo que o médico terminasse a frase, Aelius indignado, saltou sobre ele como um tigre enfurecido e sedento de sangue, já com o seu gládio em punho que agilmente pegou, atirando o corrupto terapeuta ao chão e com os seus olhos chispados de ódio, elevou a sua espada e disse com os dentes cerrados:

- O seu maldito silêncio está na palma da minha mão e no fio do meu gládio, egípcio, assim como a sua cabeça agora me pertence, verme imundo. Tenta subornar-me com essa conversa tola, me considera um idiota qualquer do seu nível sujo. Como ousa, infeliz, tentar me ameaçar e me corromper. Sou um legionário romano.

Amedrontado o arrogante terapeuta entendeu, naquele momento, que corria sério perigo de vida e com a voz entrecortada pelo grande susto e pelo medo, e tendo agora o pé de Aelius sobre o seu peito magro, implorou:

- Meu mestre, meu senhor, pelos deuses de Roma, poupe a minha vida inútil. O senhor me entendeu mal. Meu silêncio será absoluto eu lhe garanto. Vou cuidar do senhor sem nada cobrar a mais. Pelos deuses, eu imploro por minha vida miserável. Eu posso ajudá-lo, meu senhor, posso sim. Poupe-me a vida, certamente o senhor não vai desejar sujar sua lâmina com meu sangue podre.

Enfurecido, Aelius retirou o pé de sobre o homem, pegou suas coisas e caminhou em direção à porta de saída, enquanto se vestia nervosamente. Antes de sair, virou-se para o egípcio, que já se achava sentado e ainda trêmulo de medo, e vociferou:

- Caso eu saiba que você comentou qualquer coisa sobre a minha vinda aqui neste seu antro eu voltarei, e antes de cortar a sua cabeça, vou furar os seus olhos e depois arranco o seu coração ainda pulsando. Entendeu bem, verme egípcio?

Aelius ainda sacou um punhado de moedas de sua bolsa de couro e as atirou em direção ao rosto do terapeuta espantado e trêmulo. O médico que sequer olhava para o decurião furioso, respondeu, com a voz trêmula:

– Sim, meu amo, sim meu senhor, entendi tudo, glorioso romano. Meu silêncio será total e absoluto. Leve este unguento como prova de minha admiração e total respeito, meu senhor. Que os deuses o acompanhem.

Mas, no silêncio do seu coração venenoso e odiento o terapeuta já iniciava o plano de entregar Aelius aos seus superiores, em sua mesquinha mente o mal começou a ser traçado como pura vingança. E pensou consigo mesmo enquanto limpava a poeira de sua túnica:

– Você não sabe o erro que cometeu decurião arrogante. Seu destino está traçado. Daqui a poucos dias o seu centurião chefe virá ao meu encontro para consulta e então o seu segredo será revelado. E vou sugerir ao seu líder que o melhor remédio para você será a purificação pela fogueira.

XIII – A DESPEDIDA DE MATATIAS

A NOITE CHEGAVA SUAVEMENTE sobre a iluminada vila de Migdal.

E na comunidade do Caminho ouviu-se a voz enfraquecida de Matatias que se encontrava, há alguns dias, acamado:

– Chamem Elias, por favor, preciso falar-lhe – disse com alguma dificuldade o velho Matatias, o líder da antiga comunidade de Jerusalém e agora associada à comunidade de Migdal.

Poucos minutos depois se ouvia o som característico da muleta que se aproximava rapidamente do aposento onde se encontrava deitado o ancião.

E surgiu na soleira da porta do modesto aposento o robusto varão, cabelos longos e barba cerrada a emoldurar-lhe a face, vestia uma túnica branca tecida em estamenha e trazia transpassado em seu ombro um manto também branco. O seu olhar era de puro encantamento pela vida e o seu sorriso límpido era sempre um convite à amizade sincera.

Aproximou-se lentamente, como quem estivesse adentrando no mais sagrado lugar dos templos. Sorriso pequeno estampado no rosto assentou-se próximo ao ancião que aprendera a amar e a respeitar como pai amoroso e bom.

O velhinho olhou para ele e também sorriu, como se tentasse dizer, em uma fração de segundo, toda a alegria que lhe preenchia a alma desde que encontrara aquele menino que viu crescer e se iluminar, o seu velho coração estava em festa embora o corpo não mais respondesse do mesmo modo.

Elias segurou a mão do seu mestre amado e a beijou como quem beijava a mais suave das flores deste mundo, em sinal de pura gratidão, numa linguagem que somente os que amam, verdadeira e profundamente, podem entender.

Matatias disse com dificuldade, quase sussurrando:

– Meu filho, estou de partida para encontrar o nosso Salvador, eu sei que ele me receberá na outra vida. Agradeço ao Pai e Criador por ter me presenteado com a sua companhia em todos estes anos de aprendizado e de lutas que partilhamos. Você deverá ocupar o meu lugar no Conselho, os votos foram unânimes neste sentido. Permaneça no Evangelho e estará no caminho correto. Certamente nos veremos novamente, porque o amor nunca morre, sempre nos une, jamais afastando os que se amam. O Salvador nos ensinou isto. A luz do Mestre está em seu coração, lembre-se que o amor cobre a multidão de pecados e que sempre devemos perdoar aqueles que nos ofenderam. Setenta vezes sete, você sabe disto, não é mesmo, meu filho? Eu acredito que a sua maior prova de amor ainda ocorrerá aqui nesta mesma casa que nos acolheu tão amorosamente. Perdoar sempre, meu filho, enquanto estivermos no caminho, disse o Salvador. Trabalhe, perdoe e ame, meu filho. Sempre. Eu estarei com você. O amor do Salvador nos uniu e ... nada nos... separará... A morte... não... existe... Obrigado, meu filho... Obrigado...

O jovem filho adotado pelo coração de Matatias nada dizia, tomado naquela hora por intensa emoção.

Matatias deu um profundo suspiro e cerrou os olhos.

Foi quando Elias e os demais presentes viram uma centelha, em forma de estrela iluminada, adentrar pela porta. E, aos poucos viram a estrela tomar a forma humana. Suave aroma de flores silvestres preencheu o ambiente, enquanto o suave coral dos homens e mulheres ali reunidos se fez ouvir entoando cânticos de louvor.

O velho Matatias abriu, pela última vez, os olhos e com um grande sorriso estendeu os braços dizendo:

- Vejam. Vejam. Vocês estão vendo isto? É o nosso irmão Yacob.

Todos os presentes testemunharam a materialização do espírito Yacob, que saudou a todos e estendeu a mão em direção ao amigo Matatias.

Entretanto, somente Elias viu quando o corpo espiritual de seu pai adotivo se levantava do leito, enquanto era amparado pelo espírito iluminado Yacob.

E antes que os dois amigos espirituais deixassem o quarto simples, olharam ao mesmo tempo para Elias e sorriram.

Em seguida, diante dos olhos de Elias, o teto pareceu se abrir e um caminho luminoso se fez. Matatias, amparado por Yacob, seguiu pela estrada de luz em direção ao céu estrelado.

E um lampejo, qual relâmpago, a luz se foi e o quarto voltou ao estado normal, enquanto os hinos eram entoados pelo grupo emocionado.

A pequena luz da candeia bruxuleava na parede próxima e na cama rústica estava o corpo inerte do velho Matatias, que esboçava um pequeno sorriso em seus lábios.

Elias pediu aos irmãos presentes que fizessem com ele uma prece pelo amigo que acabava de deixá-los na Terra, depois de abençoada jornada, para seguir em direção a Jerusalém do Céu. E todos oraram com Elias em sentida e comovida prece de gratidão ao Salvador e, também, ao Pai Celestial, Criador de todas as coisas.

XIV – AGONIA E REVOLTA

AO VOLTAR PARA SUA residência Aelius estava espiritualmente desnorteado e moralmente abatido.

Assim que entrou em casa, sentiu a cabeça latejar e o coração descompassado. Gritou chamando o seu escravo doméstico e ordenou-lhe que fosse solicitar a imediata presença do amigo Glaucus.

O decurião sentia um desejo ardente de conforto amigo, precisava desabafar com alguém, embora este não fosse o seu perfil.

Sua cabeça agora doía como nunca, a respiração estava ofegante e seu coração batia aos saltos no peito. Sentia que uma grande agonia se apoderava de sua alma.

Pouco tempo depois Glaucus adentra a vivenda, ainda sem entender muito bem o motivo daquele convite inusitado. E assim que viu o amigo, entendeu que as notícias não eram boas.

Convidando o seu amigo para o terraço e servindo-o de uma taça de seu melhor vinho, Aelius relatou a visita desastrada ao médico egípcio e a possibilidade de uma grave doença.

O decurião indagou ao amigo se ele sabia de algum outro médico que pudesse dar uma segunda opinião sobre o caso, pois ele achava que o médico egípcio era um charlatão e embusteiro.

Glaucus respondeu que havia ouvido falar muito bem de um terapeuta grego que vivia não muito distante de Cafarnaum e que o mesmo tinha boa reputação naquela região. De qualquer forma, garantiu ao amigo que ele mesmo iria investigar e se fosse necessário arrastaria o tal médico pelos cabelos até Aelius.

Ao mesmo tempo, Glaucus sugeriu que o amigo se mantivesse em casa nos dias vindouros, ele trataria pessoalmente da sua dispensa na coorte, junto aos superiores. Aelius agradeceu ao amigo pela atitude fiel de sempre.

Uma última coisa pediu ainda Aelius ao amigo, que mantivesse sob vigilância o tal médico egípcio, porque percebera que era uma criatura perigosa e que não merecia a menor confiança, o que seu amigo legionário confirmou e garantiu que colocaria um espião nas costas do infame.

Assim combinados, Glaucus se retirou com o objetivo de ajudar ao seu irmão de armas.

Glaucus se empenhou verdadeiramente no cumprimento das promessas. Dois dias se passaram e Aelius já começava a sentir mais profundamente os desconfortos provocados pela enfermidade, sentia-se febril, abatido e muito indisposto.

Assim, ao entardecer do terceiro dia após a conversa com seu amigo, eis que chegam à sua residência dois homens. Glaucus acompanhado de um ancião de longas barbas e cabelos encanecidos. Seu amigo se fazia acompanhar do médico grego, cujo nome era Demócrito e que vivia em uma vila não muito longe de Cafarnaum.

Após as saudações costumeiras, o médico logo pediu para examinar Aelius, pois de acordo com as informações passadas por Glaucus o tempo corria contra o decurião, caso a doença fosse grave.

Observou demoradamente o corpo do decurião. Com o ar extremamente sério, após quase uma hora de observações e perguntas, o terapeuta falou em tom grave:

- Pelo que posso verificar, lamento informar que o senhor foi contaminado, sim, pela peste - falou em tom grave passando a mão direita pela barba espessa e grisalha, na qual havia a tatuagem rústica de um peixe.

Aelius, transtornado até as fibras mais íntimas do seu coração, olhou para o seu amigo e bebeu um grande gole da taça de vinho como que desejando afogar o seu desespero, atirando a taça vazia para longe.

Percebendo o extremo desequilíbrio do decurião o velho terapeuta grego tentou confortar minimamente o abalado romano:

- Se o senhor me permite, talvez seja possível um socorro, porém, não aqui entre nós. O meu conhecimento, infelizmente, não é suficiente para ajudá-lo. Acredito que, diante da grande falta de recursos e de possibilidades em nossa cidade, o senhor deveria buscar tratamento em um local do qual tenho ouvido falar e não está muito distante daqui. Conheci pessoalmente algumas pessoas contaminadas que foram tratadas naquele local e que foram limpas.

Os dois romanos se entreolharam significativamente como que tentando avaliar a gravidade da situação e as possíveis consequências de tal decisão.

- E onde fica tal estação de tratamento? Como podemos chegar a ela? - indagou Glaucus, um tanto quanto incrédulo.

E visivelmente transtornado, Aelius indagou em seguida:

- E, caso tomássemos tal decisão, a quem deveremos procurar? - indagou ainda o decurião doente.

- Não se trata de uma pessoa, mas de um lugar. O sítio é conhecido como "Caminho". Só sei que fica nos arredores de Migdal, mas posso conseguir a localização exata para os senhores. Talvez, quem sabe, o decurião encontre algum tipo de tratamento por lá? Creio que no vosso caso, toda e qualquer possibilidade de tratamento será válida. Amanhã mesmo enviarei aos senhores a localização do sítio. Agora meu serviço aqui terminou, lamento não poder lhe ser mais útil decurião. Com sua permissão, me retiro.

O médico grego fez sinal positivo com a cabeça e após se colocar à disposição dos militares romanos se retirou ganhando a rua.

Entristecido, Glaucus observava o amigo que agora tinha o olhar vitrificado e perdido no horizonte.

Lado a lado os dois amigos ouviam, novamente assentados no terraço, os sons da noite que chegava vagarosa, cães latiam ao longe, alguns pássaros pipilavam e vozes abafadas se faziam ouvir ao longe.

Os ventos mornos que sopravam desde a praia chegavam com as primeiras estrelas no céu de Cafarnaum que vestia lentamente o véu da noite.

Aelius após longo período de silêncio fitou o seu amigo com os olhos marejados de dor e com o coração amargurado pelo fel da incompreensão e disse:

– Meu amigo, antes do próximo amanhecer eu mesmo decidirei o meu destino. Peço-te, mais esta vez um favor, que você venha a minha casa amanhã pela manhã, para me auxiliar em questões necessárias e urgentes. Gostaria de contar, ainda mais esta vez, com a sua ajuda inestimável neste meu intento.

Glaucus também emocionado e engolindo o pranto que a infelicidade do amigo e irmão de armas lhe causava, respondeu sincero:

– Conte comigo Aelius, estarei ao seu lado. Considero-o como a um irmão. Amanhã bem cedo estarei aqui. Resolveremos isto juntos, amanhã faremos um tributo a Esculápio em seu nome. Os deuses estarão ao nosso lado.

Logo depois Glaucus saiu da casa do seu amigo com o coração pesado, naquela sombria e inesquecível noite.

Aelius acompanhou do terraço a caminhada do amigo até que as sombras da noite o fizessem desaparecer pelas vielas de Cafarnaum. Em seguida chamou mais uma vez por seu escravo doméstico e ordenou que trouxesse material para escrita.

Em sua mente decidiu o que faria e, assim, precisava redigir algumas cartas com urgência, no que foi prontamente atendido pelo escravo árabe.

Algumas poucas horas depois ele chamava novamente pelo escravo para dar as suas ordens e orientações informando-o sobre as cartas que escrevera.

Cada uma das cartas tinha destino certo, bastava que o escravo as entregasse ao amigo Glaucus quando o mesmo viesse na próxima manhã. Ordenou ainda que não fosse incomodado na manhã seguinte, porque estaria repousando, conforme orientações médicas.

Mandou então que o escravo se retirasse e dirigiu-se em seguida para o seu quarto de dormir.

A madrugada chegava a Cafarnaum e ninguém viu quando Aelius, vestido em roupas civis, deixou sorrateiramente a sua residência levando consigo somente um punhado de moedas, um alforje contendo algum alimento e um odre feito em pele de carneiro contendo água fresca.

Sobre a mesa central da sala alguns rolos de textos, ainda com a tinta úmida, foram deixados.

Assim, o decurião doente do corpo e da alma tomou a estrada principal de Cafarnaum evitando os postos de vigia dos soldados romanos, que ele conhecia como ninguém.

E algumas horas depois saiu da estrada principal e adentrou pelos bosques desaparecendo por entre as sombras das árvores.

Enquanto caminhava sem rumo Aelius refletia qual seria o melhor meio de acabar com a sua própria existência. Porque com certeza ele não iria assistir passivamente a sua própria tragédia, se o deus Letus cobiçava por sua vida ele a entregaria. Mas, com uma condição, ele mesmo escolheria a forma de sair deste mundo.

Em seus pensamentos pesados e confusos Aelius não desejava ver seu corpo sendo corroído dia após dia. Ele mesmo resolveria a situação com as suas próprias mãos. Se fosse aquele o desejo dos deuses então era isto que os deuses teriam. Porém, ele decidiria como e quando.

Pensava consigo mesmo:

– Nenhum deus ouvirá meu lamento. Não vou implorar por minha vida, sou um legionário romano e como legionário morrerei.

NA MANHÃ SEGUINTE, CONFORME prometera, seu amigo Glaucus batia à porta principal da casa de Aelius.

Quando Altair, o escravo doméstico, abriu a porta, Glaucus percebeu que algo estava errado.

O escravo estava com os olhos arregalados e gaguejando disse assustado:

– Senhor Glaucus o meu mestre disse que não queria ser perturbado nesta manhã. Contudo, ao passar pela frente de seu aposento vi que ele não estava deitado. Então comecei a procurá-lo, mas não o encontrei. Ele não está em casa eu já o busquei por todas as partes. Ele também não me disse para onde iria, somente deixou alguns pergaminhos sobre a mesa. Olhe o senhor mesmo.

Apressadamente, Glaucus entrou e observou os documentos sobre a mesa, vasculhou a casa chamando pelo amigo. Nada, ninguém. Nenhuma resposta.

Nos aposentos observou o uniforme do amigo dependurado na parede, até mesmo o seu gládio estava lá, no interior da bainha e também dependurado no gancho.

Dirigiu-se então até a mesa central e leu na lateral dos pequenos rolos amarrados com tiras de couro os seus respectivos destinatários: "Para o meu honrado pai"; "Para a minha mãe, meu irmão e minha irmã"; "Ao meu irmão de armas e amigo Glaucus"; "Para o centurião-chefe de Cafarnaum".

Glaucus desenrolou o pequeno rolo que continha o seu nome e leu:

"Meu irmão e amigo, obrigado por sua fiel companhia e apoio de sempre. Peço aos deuses que protejam a você e aos seus. O meu último pedido a você é que faça chegar às mãos dos meus familiares, em Roma, estas mensagens, que são as minhas despedidas. Deixo os meus bens materiais aos seus cuidados e faço votos que você os possa desfrutar. Meu escravo doméstico, transfiro-o para você, fique com ele ou venda-o, é um bom escravo, não tenho queixas. Há em meu quarto de dormir, debaixo da minha cama, um fundo falso no chão, sob o qual deixei algumas economias que agora passo às suas mãos também. Caso lhe seja possível repasse a meia parte para o dote de minha irmã, para que ela tenha um bom casamento. Amigo, ao deixar este mundo espero encontrar uma boa arena de lutas. Não é meu desejo que Roma ou meus leais amigos me vejam perecer corroído diante de uma doença vil, antes fosse a minha morte gloriosamente em um campo de batalhas. Espero que um dia possamos nos encontrar novamente. Agora, porém, é hora da separação, você para viver e eu para morrer. Ave Glaucus, eu vos saúdo".

Glaucus não estava disposto a abandonar o amigo assim à própria sorte, ele estava doente e desorientado. Saiu à procura do amigo naquele mesmo dia, após solicitar licença aos seus superiores. E ele o procuraria ainda por vários dias, semana após semana, mês após mês, mesmo em seus dias de folga.

Mas todo o seu esforço era inútil, seu amigo havia simplesmente desaparecido, como que por encantamento, nenhum sinal, nenhum rastro.

Glaucus procurou por Aelius até mesmo nas cidades e vilas mais próximas, mas sem resultados positivos.

Aelius havia realmente desaparecido, como que por encantamento. Ninguém sabia do seu paradeiro.

Meses depois de várias buscas infrutíferas, em gozo de licença militar, Glaucus chegava a Roma para encontrar os pais de Aelius. Ele foi pessoalmente entregar as cartas, conforme havia prometido ao amigo desaparecido.

Os pais de Aelius e seus irmãos receberam a triste notícia com grande pesar e choraram juntos a perda do filho amado. Dando-o por morto celebraram os funerais sem o corpo e queimaram os incensos aos daimons familiares para que recebessem Aelius no mundo dos mortos.

O luto se fez presente por sete dias naquela residência e orações e oferendas foram feitas aos ancestrais em favor da alma do jovem decurião.

Em conversa íntima com Glaucus o pai de Aelius confessou, entre lágrimas e tristezas profundas, que o seu pedido de transferência do filho fora aceito pelo Senado e que ao final daquele mesmo ano ele iria pessoalmente buscar o seu filho em Cafarnaum com a ótima notícia, porém, os deuses não foram favoráveis.

Durante muito tempo ainda a família e o amigo Glaucus

alimentaram um fio de esperança de reencontrar Aelius, contudo, diante da ausência total de notícias o tempo foi, lentamente, cicatrizando os corações enlutados.

Aelius desapareceu sem deixar vestígios e a sua família enlutada lamentou, ano após ano, a sua possível e muito provável morte.

E o tempo, em sua marcha inexorável, seguiu adiante.

XV – CORAÇÕES EM FESTA

DE VOLTA A MIGDAL...

Tempos depois da morte do velho e querido Matatias, uma boa notícia chegou àquela comunidade simples e operosa no bem.

Mensageiro amigo trazia um pergaminho da longínqua cidade de Éfeso.

Tratava-se do anúncio da visita da fundadora daquela vila de amor e de luz que ocorreria nos próximos dias, que era conhecida por todos os seus amigos mais íntimos como "Miriam, a Torre".

Diziam que o pseudônimo lhe fora dado pelo próprio Salvador, que tinha tal costume com os seus discípulos, primeiro porque ela era oriunda da vila de pescadores, Migdal e depois, de modo mais especial, como discípula aplicada e fiel aos ensinamentos de Yeshua, ela foi considerada como uma "torre de vigia", porque do alto de uma torre é possível ver mais longe, quanto mais alta é a torre maior é o alcance da visão que fica ampliada e acima dos obstáculos. Assim era Miriam, de Migdal ou Miriam, a Migdal.

Diante daquele ótimo anúncio uma saudável euforia se instalou entre todos, principalmente entre os mais velhos do grupo, muitos dos quais já haviam tido a benfazeja experiência do convívio luminoso com a discípula e apóstola do Salvador.

Imantados pela verdadeira alegria cristã receberiam tão aguardada visita com o coração em festa e com suas almas em prece.

De acordo com o texto da abençoada missiva a irmã chegaria em quatro ou cinco dias, pois já estava em viagem há algum tempo, revendo corações amigos e lugares que lhe eram muito especiais ao coração amoroso e bom.

Elias já ouvira inúmeras histórias sobre a grande líder, a irmã, a mulher que acompanhara o Salvador em todos os seus passos e testemunhara os fatos mais gloriosos do Mestre galileu.

Vale relembrar que tamanha era a sua importância que foi para ela que o Salvador apareceu primeiro, após a crucificação, e também foi Miriam quem anunciou aos apóstolos, que se escondiam temerosos e muito inseguros, que o Salvador estava vivo.

Em seu coração Elias já amava aquela mulher mesmo sem nunca tê-la visto pessoalmente. Ele sabia que somente as vidas sucessivas podiam explicar tais sentimentos e sensações de tamanha consideração, admiração e respeito.

Matatias, o seu pai adotivo, já havia lhe narrado várias histórias belíssimas a respeito de Miriam, a Torre. Sobre o encanto das suas pregações, suas palavras de estímulo, suas curas, enfim, sua presença santa e benfazeja.

Ele sabia, entre outras coisas, que todas as comunidades do Caminho a respeitavam e a louvavam grande e profundamente.

Até mesmo na outra comunidade do Caminho de Jerusalém onde os discípulos Yacob, o irmão de Yeshua, e Shimon bar Yona, o pescador, viveram, lideraram e sobressaíram, Miriam era respeitada.

Mas, em toda a região da Galileia, apesar dos muitos preconceitos relativos às mulheres, Miriam era a grande liderança, desde os primeiros tempos após a crucificação do Salvador.

Em praticamente toda aquela região do velho mundo judeu, entre os seguidores do Caminho, duas mulheres eram veneradas, a primeira era Miriam, a mãe do Salvador e a segunda era Miriam, a Torre.

Naqueles dias a abnegada, amorosa e suave mãe do Salvador também já havia deixado o mundo, mas Miriam, de Migdal - que conviveu por longos anos com a mãe do Salvador –, ainda estava na Terra, distribuindo amor e luz.

Assim a modesta vila se preparou para receber com uma festa singela a grande líder do Caminho, balizada pela simplicidade e pela pureza do amor cristão - porque a homenageada jamais admitia as bajulações frívolas.

O coração de Elias também estava exultante e irradiava alegria e gratidão. Finalmente ele conheceria Miriam, a Torre.

XVI – O ESTRANGEIRO

PORÉM, ALGUNS DIAS ANTES da chegada de Miriam à modesta comunidade, adentrou pelos portões do sítio uma carroça rústica, puxada por um par de asnos, e que era conduzida por um ancião e um jovem.

Aquela dupla pertencia à comunidade do Caminho de Migdal e fazia parte do grupo que ficou conhecido como "os cirineus". O grupo foi assim chamado em memória daquele homem, de nome Shimon, vindo de Cirene[29], que ajudou o Salvador a carregar a pesada trave da cruz, em suas tristes e agonizantes horas finais na Terra.

Os *cirineus* faziam rondas pelas estradas e vilas circunvizinhas à procura de indigentes que necessitassem de socorro e amparo imediatos, recolhendo-os e levando-os para o sítio onde recebiam alimento, abrigo e tratamento médico.

Segundo diziam os mais velhos, a ideia de formar tal grupo partiu da própria fundadora, Miriam, pois ela mesma, por

29. Antiga cidade próxima a Alexandria.

muitos anos, como exemplo vivo, fez parte daquele tipo de trabalho de resgate aos indigentes sofredores.

No interior da carroça vinha a estranha carga, dois homens em lastimáveis condições de penúria material, ambos em estado avançado da doença insidiosa e fatal, a lepra.

Os *cirineus* eram orientados e treinados para evitarem as estradas mais movimentadas, porque o policiamento romano era invariavelmente intransigente e o preconceito era certo em várias partes do velho mundo. Assim, evitando sempre a exposição dos doentes resgatados, seguiam mantendo a própria segurança e aprenderam até a disfarçar as suas cargas sinistras e malcheirosas com plantas e flores com fortes perfumes, evitando sempre as aglomerações humanas.

No interior da comunidade os doentes mais graves eram conduzidos para as casas mais afastadas, no interior do sítio e, caso apresentassem alguma melhora mediante os tratamentos, se desejassem permanecer no sítio, eram inseridos nos grupos de trabalho e de manutenção, porque ninguém era forçado a permanecer, todos tinham liberdade para decidir ficar ou não.

Aquele era o principal posto de trabalho de Elias, pois desde que chegara àquela vila, há alguns anos, ele aprendeu a lidar com os doentes mais graves. Ele também se desenvolveu tecnicamente, de acordo com as orientações dos terapeutas que viviam na comunidade, e com os que a visitavam com certa frequência, como era o caso de Theophilo, que se tornara seu padrinho e principal professor nas artes médicas.

Assim que os dois novos pacientes chegaram, Elias foi o primeiro a correr para recebê-los e alojá-los. Providenciou a higiene, a alimentação e as camas limpas para os dois deserdados do mundo, como era de costume.

Um dos homens estava em estado mais grave e por isto mesmo necessitava de maior atenção e cuidado. E ao acomodarem cuidadosamente o homem mais necessitado de socorro no leito, sob a orientação de Elias, os socorristas informaram:

- É mais um leproso, irmão Elias. Ele estava pendurado pelo pescoço. Tentou se enforcar - disse com olhar pesaroso Avraham, o ancião.

E o jovem que auxiliava o velho Avraham, de nome Yonas, completou:

- Mas, parece que a corda velha não suportou o peso e se rompeu. Nós estávamos passando pela estrada velha do bosque, ao norte de Migdal, quando ao longe o avistamos agonizando na ponta da corda - falou o rapaz em voz baixa.

E observando o infeliz com sincera piedade no coração, falou Elias:

- Pobre irmão, que o nosso Salvador, Yeshua, tenha compaixão e o ampare.

Elias, condoído diante daquela criatura infeliz que apresentava um grande ferimento no pescoço provocado pela corda grossa, lamentou a atitude irrefletida do irmão. Orou para que o Criador perdoasse aquele irmão em desequilíbrio mental e emocional, pelo ato tresloucado de ignorância completa diante da imortalidade da vida.

E ao mesmo tempo refletia sobre as graves provações que se abatem sobre as almas em experiência na Terra.

Porém, Elias sabia em seu coração que ninguém pode mensurar o peso que faz uma criatura cair, e por este motivo não lhe cabia julgar a ninguém, como ensinara e exemplificara o Salvador. Seu dever era, sim, auxiliar os seus irmãos da melhor forma que estivesse ao seu alcance.

O enfermo, cheio de pústulas pela face e pelo corpo, apresentava um dos olhos irremediavelmente tomado pela chaga, o nariz e as orelhas severamente deformados. Suas mãos e seus pés também já haviam perdido vários dedos.

O velho socorrista Avraham, antes de sair do ambiente, ainda comentou, com piedade sincera:

– Não fossem as pernas ligeiras de Yonas, penso que ele teria sucumbido. Porque assim que o avistamos balançando na corda, Yonas saltou da carroça ainda em movimento e correu em direção ao homem agonizante. Chegando ainda a tempo de retirar rapidamente a corda que o sufocava. Após a sua queda pesada e estrondosa no solo, parece que ele também feriu gravemente as pernas.

O homem respirava com muita dificuldade devido ao grande edema no seu pescoço e, ao mesmo tempo, gemia premido pelas dores atrozes que lhe corroíam o corpo debilitado, que se contorcia.

Elias, após rápido exame geral do enfermo, confirmou as muito prováveis fraturas na altura dos dois tornozelos.

Solicitou a ajuda emergencial de dois outros terapeutas que atendiam na casa-enfermaria ao lado e juntos trabalharam arduamente no intuito de salvarem a vida do grave doente recém-chegado.

A equipe de terapeutas passou todo aquele final de dia e também aquela primeira noite inteira no dedicado esforço em luta contra a morte.

A higienização do corpo e das chagas, a aplicação de unguentos e de cataplasmas, bem como a difícil beberagem de chás, compostos por ervas e raízes foram utilizadas amplamente.

Uma luta sem tréguas e sem que se esquecessem, por um só momento, das orações, da água abençoada e da imposição de mãos.

Curiosamente, mas não por acaso, todos na comunidade do Caminho de Migdal sabiam das propriedades curadoras que foram desenvolvidas por Elias, com o passar dos anos no trabalho socorrista. Suas mãos adquiriram o toque da cura, condição terapêutica que fora ampliada por sua fé inabalável no Evangelho do Salvador, por seu trabalho constante no bem, por seu profundo amor ao próximo, e por sua dedicada humildade cristã.

Ao final daquelas cansativas primeiras vinte e quatro horas de intenso trabalho de socorro, Elias percebeu uma leve melhora no estado geral do paciente e só então se retirou para o merecido descanso.

Deixando o desconhecido gravemente enfermo aos cuidados de dois outros terapeutas, prometeu que retornaria para acompanhá-lo assim que lhe fosse possível, logo após o descanso necessário.

Assim, exausto, Elias se afastou do ambiente ainda em estado de prece.

Após banhar-se e alimentar-se, Elias foi para o dormitório em busca do sono revigorante e necessário. Deitou-se e, após sua oração, imediatamente adormeceu.

Em sonho, Elias se viu chegando a belíssimo jardim onde suave córrego emoldurava a paisagem florida e iluminada. Pássaros cantavam e borboletas multicoloridas flutuavam ao sabor da suave brisa. Mais adiante sob a sombra agradável de frondosa e florida árvore ele avistou um homem vestido com túnica alva e radiante. Avançou um pouco mais e reconheceu Matatias, seu amado pai espiritual, que lhe abria os braços.

Elias sentiu o coração saltar alegre em seu peito e o abraço foi longo.

- Meu pai amado, que bom poder abraçá-lo novamente - disse Elias emocionado até as fibras mais íntimas de sua alma.

Ao que Matatias, sorridente e afável, respondeu:

- Agradeçamos ao Criador, meu filho querido, por estes minutos. Venho para aquecer o seu coração com o meu amor paternal. Saiba que você recebeu, no dia de hoje, um presente do nosso Salvador. O nosso Rabi sabe mais do que nós mesmos do que necessitamos para o nosso crescimento em direção à paz. Yeshua jamais está pobre de bênçãos e de luz. Prossiga no caminho do Evangelho, meu filho amado. Lembre-se de que, nos caminhos do Salvador, o servidor maior é sempre aquele que se faz menor entre os seus irmãos. Estarei sempre com você, ore e trabalhe no bem. Permaneça na santa fé do Criador e sob as bênçãos de amor do Salvador.

Elias não conseguia falar de tanto contentamento, apenas observava e entendia, em seu coração, aquela mensagem de amor do seu amigo e mentor, com os seus olhos banhados em lágrimas de conforto espiritual e de abençoada paz.

Na manhã seguinte acordou com o cantar dos primeiros pássaros se sentindo renovado, fortalecido e pronto para o trabalho edificante.

E, antes mesmo de se erguer do seu leito, trazendo ainda na memória o sagrado encontro com seu pai espiritual, Elias orou agradecido, pedindo forças ao Criador de todas as coisas para manter-se sempre fiel aos ensinamentos do Mestre da luz, Yeshua.

XVII – A TORRE

POUCOS DIAS DEPOIS... NAQUELA manhã ensolarada pequena caravana adentrou pelos portões da singela vila da comunidade do Caminho de Migdal.

Três pequenas carroças puxadas por parelhas de mulas, cada uma delas conduzidas por duas pessoas. Seguidas por outros homens que vinham a pé e que puxavam meia dúzia de camelos e alguns jumentinhos, todos cheios de cargas variadas. Todos estacionaram, ordenadamente, no amplo terreno em frente à casa principal.

Homens, mulheres e crianças da comunidade suspenderam, temporariamente, suas tarefas cotidianas e se dirigiram para o local onde estacara a diminuta caravana.

Alguns conselheiros presentes pararam também os seus afazeres e dirigiram-se apressados ao pequeno caminho florido, com exclamações de alegria:

- Yaveh seja louvado. Louvado seja o Salvador. É nossa irmã Miriam que chega.

E a movimentação foi ampliada em branda agitação quando as pessoas repetiam felizes umas para as outras:

– É Miriam. Sim, ela chegou graças ao bom Salvador. Nossa vila sorri em festa no dia de hoje – diziam alegremente uns aos outros.

E auxiliada por dois dos varões que a acompanhavam de mais perto a bela e suave Miriam, com sua postura simples, alegre e iluminada desceu da primeira carroça.

Naqueles tempos Miriam já era uma senhora, que ainda não atingira os sessenta anos de idade. Tinha estatura mediana e o corpo esbelto. Seus cabelos, que escapavam sob o véu, eram longos, brilhantes, sedosos e negros, com pequenas mechas brancas nas têmporas, refletiam a luz do Sol e emolduravam sua face morena e levemente arredondada.

Dona de rara beleza oriental com seus grandes olhos negros como a noite que luziam alegres. Sua face radiante, com a pele morena e naturalmente marcada por leves sinais do tempo, ainda era de uma grande beleza. Miriam podia facilmente ser confundida com uma rainha egípcia, persa ou síria, devido a sua fisionomia encantadora associada a sua postura nobre. Seu caminhar era gracioso e ao mesmo tempo firme, ereto e altivo. E o seu inigualável sorriso era límpido e cativante em lábios bem feitos e levemente rosados.

Enfim, Miriam era uma mulher de beleza incomum e impressionante.

A discípula e apóstola dos apóstolos distribuía abraços, acenos, sorrisos e apertos de mãos calorosos.

Curiosamente, uma das suas características mais marcantes e cativantes era a de beijar suavemente a testa de quem dela se aproximasse.

Tratava a todos com a mesma lisura e carinho, nenhum dos que estavam presentes à sua chegada ficou sem o seu gesto de afeto atencioso. E sua atenção maior era especialmente dirigida às crianças e aos anciãos, por quem ela demonstrava gracioso apreço e suave estima.

Os poucos metros que separavam as carroças da varanda da casa principal foram demoradamente percorridos, porque para todas as pessoas Miriam tinha uma palavra de carinho e um gesto afável.

Muitos dos presentes se aproximavam e lhe beijavam as mãos em respeitosa atitude, ato que ela de imediato retribuía em branda singeleza.

Elias, que fora chamado às pressas na ala das enfermarias mais afastadas, já se encontrava na varanda quando, finalmente, Miriam conseguiu lá chegar.

Em sinal de respeito aos mais velhos, homens e mulheres do conselho, Elias se posicionou alguns passos atrás. Ele se achava profundamente emocionado por estar diante daquela personagem que fora uma das principais companheiras e testemunhas do Salvador.

Era uma estranha euforia sagrada, uma espécie de estado de graça, que lhe fazia estremecer o corpo e, ao mesmo tempo, despertava os seus mais sagrados e nobres sentimentos. Na visão de Elias, aquela senhora se assemelhava a um anjo do Senhor em visita à Terra.

Após as muitas saudações alegres e calorosas, Miriam parou diante de Elias, fitando-lhe os olhos, sorriu, deu-lhe um afetuoso e fraterno abraço e falou:

- Você é Elias. Meu filho, eu vejo a luz do Salvador através do brilho dos seus olhos - dizendo isto, segurou-lhe a cabeça entre as suas mãos, beijou-lhe carinhosamente a testa e depois sorriu novamente e seguiu adiante.

Elias se sentiu, simultaneamente, impactado e intimamente inundado de paz com aquele breve contato. Muito surpreso também porque Miriam adivinhara-lhe o nome sem nunca antes tê-lo visto. Seu coração transbordava de júbilo, abaixou a cabeça e chorou profundamente emocionado.

Alguns poucos passos atrás de Miriam e repetindo os

mesmos gestos de amizade e carinho fraterno, vinham os seus dois companheiros.

O primeiro varão de porte nobre e portando roupas no estilo árabe, talvez na casa dos seus trinta anos de idade, com olhos profundos e perscrutadores, era Inácio, vindo da cidade de Antioquia.

O segundo homem, após remover o lenço que lhe protegia o rosto, para a grande surpresa e alegria de Elias, era o médico Theophilo, o seu padrinho, professor de medicina e grande amigo, a quem não via há alguns anos.

Abraços efusivos foram trocados e Elias foi apresentado ao seu mais novo amigo, Inácio.

Elias e Inácio travaram um diálogo silencioso com os olhos, identificando-se mutuamente, na amizade milenar construída de alma para alma. Com certeza já se conheciam de outros tempos.

E a calorosa recepção prosseguiu para os demais integrantes da pequena caravana, todos foram alegremente recebidos e conduzidos ao interior da casa principal para o necessário descanso da estafante viagem.

APÓS A ALEGRE CHEGADA, as tarefas cotidianas foram retomadas pela maior parte dos membros da comunidade, mas agora todos pareciam envoltos em renovadas energias.

Dali a poucas horas seria servida a primeira refeição coletiva do dia e todos desejavam compartilhar tal momento com "a Torre", afinal de contas não era sempre que a fundadora podia estar com a comunidade de Migdal, porque seus compromissos eram inúmeros e dificilmente ela permanecia mais que três dias em cada lugar visitado.

Além do fato de que naquela mesma região viviam ainda alguns parentes consanguíneos que Miriam fazia questão de rever, sempre que por lá passava.

Elias retornou embevecido ao seu principal posto de trabalho, junto aos doentes mais graves. Ele sentia como se seu corpo flutuasse no ar, enquanto caminhava absorto em reflexões sobre as muitas narrativas evangélicas que descreviam a presença de Miriam junto ao Salvador e agora ela estava ali, tão perto dele.

Em seus pensamentos mais íntimos agradecia ao Criador e também ao mestre Yeshua, pelas graças recebidas em profusão.

Elias sentia-se, como todos os demais presentes, verdadeiramente abençoado.

XVIII – HORA DE DESPERTAR

NO DIA SEGUINTE À chegada de Miriam...

Elias acabara de trocar as roupas daquele enfermo que tentara dar cabo da própria vida através do enforcamento, quando o mesmo despertou de seu sono profundo e muito agitado.

O doente tentava olhar ao seu redor, talvez na intenção de reconhecer o ambiente no qual estava. Sua respiração era pesada e forçada.

Elias se aproximou calmamente e falou em tom brando:

- Não sei se você compreende o que eu falo, porque parece que é estrangeiro em nossas terras. Caso entenda o que eu falo, pisque duas vezes.

E o doente respondeu com duas piscadas lentas.

- Melhor assim, nossa comunicação será facilitada - disse Elias com certo alívio e complementou: - Você está em local amistoso e seguro, não se preocupe com nada. Procure evitar esforços, você ainda está muito fraco e precisará de mais alguns dias para se sentir melhor. Por agora busque o repouso.

O doente levantou lentamente as mãos com alguma dificuldade e olhou-as, estavam cuidadosamente enfaixadas com tecidos leves. Tentou falar, mas as fortes dores no pescoço e na garganta só lhe permitiram um gemido gutural. Tentou ainda mover as pernas e sentiu, também, uma forte dor nos pés.

A sua cabeça também estava com uma faixa de bandagem que mantinha o curativo no olho comprometido pela doença. Ele olhou fixamente para Elias, como se aguardasse mais explicações. Muito calmo, Elias mais uma vez falou, inspirado por forças invisíveis:

– Como eu lhe havia dito anteriormente, você ainda precisará de alguns dias para se recuperar. Seus dois tornozelos estão fraturados. E o seu pescoço está muito ferido, não tente mover a sua cabeça ou falar. As suas pernas, evite movê-las também porque isto vai lhe provocar fortes dores e muito desconforto. Estamos cuidando para que você se recupere logo, mas precisaremos de sua colaboração.

E Elias pensou: – "Certamente alguém que busca se matar não está se sentindo bem com o mundo no qual vive. Mas é preciso que ele saiba que neste lugar ninguém deseja saber do seu passado, nem quais foram os motivos que o levaram a tentar dar cabo da sua própria vida."

E repetiu ao doente que se agitava:

– Por agora, apenas permita que possamos ajudá-lo, mais tarde você poderá decidir sobre o seu futuro.

Dizendo isto, Elias se dirigiu para o outro leito próximo para continuar com o tratamento do outro enfermo.

O que o jovem e dedicado terapeuta não imaginava era que diante dele estava Aelius Varus. O mesmo homem que, há alguns anos, lhe decepara a perna, na feira livre, em Jerusalém.

Na mente atordoada do ex-decurião os pensamentos confusos fervilhavam em ondas negativas: "Não pedi socorro de ninguém, não quero piedade. Melhor teria sido a minha morte. Por que não me deixaram lá para morrer? Na primeira oportunidade acabarei com esta agonia. E ninguém me impedirá desta vez".

Contudo, Aelius sentiu um torpor que tomava a sua mente, era o efeito do chá que lhe fora administrado, gota a gota, pelo homem que agora se afastava apoiado em estranho cajado em baixo do braço, objeto que ele jamais tinha visto. E ele ainda pôde reparar, com certa dificuldade, que aquele homem não tinha a perna esquerda.

Aquele lugar calmo, limpo, bem arejado, no qual alguns incensos perfumavam o ambiente com seus finos fios de fumaça que atingiam o teto, onde os únicos sons audíveis eram os pássaros nas árvores próximas e as águas percorrendo por entre as pedras no riacho não muito distante, favorecia o relaxamento que há muito tempo Aelius não experimentava e logo adormeceu sob o efeito dos medicamentos anestésicos.

Enquanto cuidava de outro enfermo, Elias pressentiu que o "homem da forca" precisaria de muita atenção e de cuidados especiais. Ele sabia em seu coração que aquele homem não devia ser deixado só. "Muito provavelmente, atentará novamente contra a própria vida." E Elias meditava ainda: "Somente a luz do Salvador poderá demovê-lo dessas trevas densas. E o Mestre há de nos orientar neste sentido. Só o Amor Divino poderá dissolver tamanho ódio contra si mesmo. Mestre Yeshua, mostre-nos o melhor caminho para que possamos auxiliar este nosso irmão que sofre tremendamente. Fortaleça Salvador o meu espírito para que eu possa lhe ser útil. Mas, sei que devemos entregar os nossos destinos nas vossas mãos, Mestre, para que assim se faça a vontade do Criador Yaveh."

Naquela mesma noite estava prevista a preleção de Miriam e todos estavam ansiosos para ouvi-la e com ela aprenderem mais sobre os ensinamentos e exemplos do Salvador.

E, certamente, entre os ouvintes mais ávidos por aquelas palavras estava Elias.

XIX – A VOZ QUE VEM DO ALTO

NA PRIMEIRA NOITE QUE Miriam passou na comunidade do Caminho, depois do merecido porém breve descanso, e após a habitual refeição coletiva, ela foi convidada a falar para os membros da comunidade.

Assim, a maioria dos residentes da comunidade, e até alguns convidados da vila de Migdal, estavam reunidos na grande varanda posterior, que geralmente servia como refeitório.

Miriam estava posicionada ao centro do grande grupo que fazia um semicírculo ao seu redor, a maioria deles assentados em tapetes, em esteiras ou em bancos improvisados.

Os conselheiros, homens e mulheres, ocupavam os lugares mais próximos a Miriam e, após breve conversa a respeito do cotidiano da comunidade, um dos conselheiros, cujo nome era Simeão, pediu à visitante que falasse um pouco mais sobre as suas vivências pessoais com o Salvador, para que todos, principalmente os mais jovens - e também aqueles que pouco conheciam tanto Miriam, quanto Yeshua –, pudessem aprender um pouco mais.

A convidada sorriu com brandura e os seus olhos percorreram, vagarosamente, todo o ambiente, como que identificando o grupo que ali estava.

Homens e mulheres, mães que embalavam nos braços os seus bebês, adultos, adolescentes, crianças e idosos, todos tinham os olhos fixos em Miriam, como quem admira a mais bela estrela a brilhar no céu.

O silêncio permitia que o pipilar dos pássaros fosse ouvido, enquanto se recolhiam agitados aos seus ninhos. Bem como outros suaves sons que a noite ia trazendo consigo de mansinho.

As primeiras lamparinas foram acesas por alguns dos trabalhadores da casa principal e colocadas nos seus veladores, nas paredes, protegidas de modo que o vento não as apagasse.

No céu, no horizonte distante, uma imensa Lua cheia começava a surgir e brilhar.

Dos jardins que cercavam a casa principal, o perfume das flores era exalado e impregnava suavemente a atmosfera.

A Natureza trabalhava favoravelmente e preparava o cenário vivo da comunidade do Caminho para as verdades da Boa-Nova.

Miriam rendeu louvores a Yaveh, o Criador do céu e da Terra.

Ela também agradeceu, humildemente, a oportunidade de falar mais uma vez, das coisas do Salvador, Yeshua, acontecimento que ela sempre considerava a maior honra para a sua alma.

E, em uma fração de segundos seu olhar pareceu perder-se na noite das memórias distantes. Ao mesmo tempo, o seu rosto se iluminou por meio de insondável alegria – como se ela pudesse vislumbrar, com os olhos do seu espírito, os antigos cenários da Galileia, quando caminhava na companhia de Yeshua, o Salvador.

E como que em estado de êxtase, Miriam falou com voz emocionada para todos os presentes:

"Meus irmãos, eu vos digo, tudo aquilo que não vos foi dado escutar eu vos anunciarei.

"Que aquele que tem ouvidos para ouvir, ouça.

"O Salvador nos ensinou que Yaveh é Misericórdia, Justiça e Paz.

"Yeshua sempre dizia quando nos encontrávamos: '- Paz a vós - que minha paz seja gerada e se complete em vós!'.

"Aqueles que procuram o Salvador o encontram.

"Quando disserem ei-lo aqui, ou ei-lo lá, cuidem para não serem enganados. Porque é em vosso interior que está o Salvador. Ide a ele.

"Aqueles que o procuram o encontram.

"Em marcha, em frente, não desanimem.

"Após a partida do Salvador, todos os seus discípulos ficaram em aflição e derramaram muitas lágrimas.

"E se perguntavam: '- Como iremos anunciar a Boa-Nova do Reino do Filho do Homem? Eles não o pouparam, como eles nos poupariam?'.

"Naquele momento de aflição eu ouvi a voz do Salvador, que falava ao meu espírito. Eu vi o Mestre. E ele me conduziu.

"Levantei-me de onde estava assentada, caminhei entre os irmãos e os beijei, cada um deles, com o mesmo carinho que Yeshua nos beijava.

"E, inspirada pelo pensamento do Mestre da luz, eu lhes disse: '- Não fiqueis pesarosos e indecisos, porque a graça do Salvador nos acompanhará e nos protegerá. Em vez disso louvemos sua grandeza, porque ele nos preparou. Ele nos convida a sermos plenamente Humanos. Que voltemos os nossos corações para o bem. E as palavras do Mestre tornaram-se claras para eles.'

"Quando eu tive a visão do Mestre, eu lhe disse: '- Senhor, eu te vejo hoje nesta aparição.'

"Ele respondeu: '– Bem-aventurada, tu que não te perturbas à minha vista. Porque onde está o espírito, aí está o tesouro.'

"E o meu coração transbordava.

"O bem veio entre nós. Ele participou dos elementos da nossa natureza.

"E ele ensinava: '– O apego à matéria gera as paixões contra a Natureza. É então que nasce a perturbação em vós. Estejais em harmonia, eu vos digo'.

"O Salvador também ensinou que para as nossas almas se libertarem e subirem, nós devemos combater a manifestação das sete trevas: a cobiça, a ignorância, a inveja moral, a dominação carnal, a sabedoria desequilibrada, a sabedoria astuciosa e a cólera. Estas são as sete opressoras da alma.

"Arrependamo-nos e nos tornemos o ser humano em sua inteireza.

"Deixemos o Salvador lançar suas raízes em nós e crescer, como ele pediu.

"A nossa tarefa é a de anunciar a Boa-Nova.

"Partamos a anunciar o Evangelho, sem procurar estabelecer outras regras e outras leis afora aquela da qual ele foi o testemunho.

"Que o Pai que está nos céus ilumine e conduza as nossas almas frágeis.

"E que o Salvador, nosso Mestre amado, seja para sempre a nossa única inspiração e a nossa fonte de água viva...

"Avante, anunciemos o Evangelho."

E assim Miriam terminou a sua breve mensagem naquela noite memorável que marcaria para sempre as almas que ali estavam.

Muitos permaneceram imóveis por mais algum tempo, como quem sai de um sono profundo e se demora no despertar.

Assim, ainda em silêncio, as pessoas se aproximavam

da ilustre visitante para o abraço fraterno e para seguirem, em meditação.

Alguns seguiam para os seus respectivos aposentos, outros para as tarefas da noite, nas casas-enfermarias. E entre estes últimos estava Elias.

E, em seu coração, Elias desejava que aquele momento mágico jamais tivesse fim, que aquela noite fosse eterna em sua alma de aprendiz sincero. Era como se ele pudesse sentir a presença do Salvador caminhando ao seu lado, enquanto caminhava para o seu posto de trabalho, com a face e os olhos lavados pelas lágrimas renovadoras do bem eterno contido na Boa-Nova do Salvador.

XX – A BÊNÇÃO DE MIRIAM

NO SEGUNDO DIA DE sua visita à comunidade do Caminho de Migdal, Miriam realizou sua ida costumeira às casas-enfermarias. Visitou e trabalhou em todas as casas, desde as que acolhiam os internos menos graves até aquelas onde se encontravam os doentes mais severamente adoecidos.

Assim, acompanhada pelo terapeuta Theophilo, pelo amigo Inácio e pelos anciãos Oseias e Marta, Miriam passou por cada uma das casas-enfermarias.

Ela fazia questão de passar por cada um dos leitos, conversando demoradamente, levando o seu carinho e seu conforto, enquanto auxiliava os tarefeiros dedicados em seus serviços mais simples.

Na última casa, reservada aos casos mais complexos, estava Elias que liderava os serviços socorristas.

Miriam adentrou na enfermaria ampla, bem arejada, iluminada pela luz natural e muito bem higienizada, na qual seis leitos, geometricamente organizados, eram ocupados por enfermos, respectivamente.

Elias, estando diante de Miriam teve o impulso de ajoelhar-se, ato que foi carinhosamente impedido pela discípula fiel do Salvador.

- Lembre-se Elias, meu querido irmão, na Seara do Salvador, eu sou apenas tua irmã. Nada mais que isto - disse ao jovem, erguendo-o, com um suave sorriso em seus lábios.

Emocionado até as fibras mais íntimas do seu coração, Elias esboçou um sorriso e indicou os leitos com a sua mão, convidando a apóstola dos apóstolos à observação mais próxima.

Em cada leito, repetia os seus mesmos gestos de carinho e pronunciava palavras de esperança e de consolação, baseadas na Boa-Nova do Salvador, inclusive auxiliando nos serviços de alimentação, de higienização, de medicação e troca de curativos.

Repetindo sempre que não desejava ser mera espectadora e sim mais uma humilde serva na Seara do Mestre Yeshua, recusava veementemente toda e qualquer posição ou condição de destaque ou privilégio.

No último leito estava "o estrangeiro" que tentou "se enforcar" ou, como ficou conhecido, "o enforcado".

Ainda muito debilitado, esquálido e ofegante, ali estava o ex-decurião, cuja identidade ninguém sabia.

Elias, dirigindo-se a Miriam em voz baixa e respeitosa, disse:

- Este irmão foi o último enfermo recolhido pelos "cirineus" há poucos dias. Nosso irmão ainda está muito enfraquecido. E como se pode perceber, por seus traços fisionômicos, é estrangeiro em nossa terra ou filho de estrangeiros de passagem por aqui. Mas, conforme os desígnios do Criador, ele está no Distrito[30] correto, só faltando-lhe saúde para encontrar o seu caminho.

Elias fez um trocadilho com o nome da região, demonstran-

30. Galileia - na língua hebraica seria algo como: "Distrito dos Gentios" no sentido de "Lugar de Estrangeiros".

do o seu bom humor mesmo diante das adversidades, um breve momento de descontração que provocou um leve sorriso em Miriam, em Theophilo, em Inácio e nos dois conselheiros presentes.

E Elias complementou dizendo:

- E estamos todos trabalhando para que ele se recupere plenamente. Talvez leve algum tempo. E, quem sabe, quando estiver melhor, ele possa beber na Fonte da Água Viva do Salvador e mudar seus pensamentos?

Aelius que observava silenciosamente tudo, sem manifestar nenhum interesse ou reação, suspirou forte e revirou o olho, com enfado.

O romano orgulhoso, em seus pensamentos, não desejava estar ali, muito menos como objeto de "caridade" de judeus.

Todos aqueles estranhos ao seu redor e ele ali sendo observado como um animal doente em sinistra exposição.

Queria mais que tudo levantar-se e sair correndo em direção aos braços da morte, para dar fim àquele sofrimento físico e moral.

Porém, o seu corpo alquebrado, fraco e desobediente, ainda não lhe permitia maiores movimentos.

Nos últimos meses a indisposição, o mal-estar geral e a febre eram suas companheiras constantes e não o deixavam raciocinar com clareza.

Também sentia queimar a sua "maldita garganta", pela qual ainda não conseguia falar.

Miriam se aproximou do enfermo com cuidado e lentamente. Seus olhos olhavam para o doente com extremado carinho, como se o conhecesse de longa data.

A discípula-apóstola sabia em seu coração iluminado, como excelente entendedora das maiores aflições humanas, que aquele irmão diante dela se encontrava extremamente infeliz, profundamente triste e passava por momentos transformadores muito delicados.

A fiel discípula de Yeshua sabia que aquela alma, se encontrava em severo estado de provação, estava muito confusa, bastante aterrorizada e totalmente derrotada. Também percebia no olhar daquele enfermo do corpo e da alma que o veneno ácido do orgulho corroía-lhe as fibras mais íntimas do coração.

E, como que lendo os pensamentos mais secretos e as intenções mais profundas do enfermo, disse com a brandura de uma mãe carinhosa e cheia de zelo:

– Permita me aproximar e assentar um pouco ao vosso lado – disse Miriam se assentando em banco rústico colocado ao lado do leito do estrangeiro.

Mesmo sentindo-se estranhamente magnetizado por aquela bela mulher de olhos escuros hipnotizantes e dona da mais encantadora voz, Aelius a olhava confuso. E pensava consigo mesmo: "Em outros tempos, esta mulher judia – que ele identificou, de imediato, pelas roupas, pelo linguajar e pelos gestos –, jamais ousaria me dirigir a palavra, muito menos se atreveria a assentar-se ao seu lado".

O ex-decurião ainda mantinha o seu cérebro embotado e contaminado pelo preconceito e o seu coração permanecia cheio de ódio, de rancor e de desprezo.

Miriam fitou o doente e permaneceu em silêncio por breves segundos e depois falou, em tom amistoso e franco:

– Muitas vezes nos encontramos em condições alheias aos nossos desejos. Geralmente, quando somos movidos por nossas paixões, os caminhos escolhidos nos conduzem a pântanos escuros, cheios de lodo e de águas impuras. Entretanto, os lírios também podem brotar no lodaçal, ainda que as suas raízes estejam presas na lama fétida. Certamente, a flor da boa vontade, qual lírio que nasce no pântano dos corações sombrios, deverá equilibrar-se no caule útil do amor e sobre as raízes operosas do bem, para que um dia ascenda para as Luzes dos Céus. Para recebermos a água viva, antes devemos limpar todo lodo e retirar toda água impura que polui a ânfora sagrada do coração. E para minimizarmos nossas dores mais profundas e continuarmos nossas jornadas, devemos passar em revista as nossas almas. Retirá-las do terreno pantanoso e sombrio das nossas maiores ilusões.

Após significativa parada e depois de olhar para todos os seus acompanhantes, Miriam voltou seu olhar sensível, lúcido e profundo para o ex-decurião e vaticinou:

- Pelos olhos da alma percebo com certa tristeza que, por vossa escolha, ainda não é chegada a hora do vosso despertar para a Verdade Libertadora. Mas, é bom que saibas que as portas da Casa da Misericórdia do Criador estão sempre abertas. Caso decidas manter o vosso coração no estado presente, mergulhado nas sombras e na escuridão, a Luz da Vida demorará a ser encontrada por ti. É preciso compreender que a argila bruta passa pela sova das mãos do oleiro e depois arde na fornalha, para se transformar e, por fim, se tornar jarro útil. Porém somos confiantes na promessa do nosso Mestre e Salvador: Nenhuma das suas ovelhas será perdida. È estaremos ligados pelos laços do coração até o final dos tempos, até que se cumpra totalmente a promessa do meigo Rabi. Até que a Paz do Salvador brote em vosso coração, leve sempre convosco a plena certeza do nosso mais puro amor fraterno e da nossa dedicação.

E após nova pausa, continuou:

- Caso decidas permanecer na escuridão, chegará o dia em que sentirás uma saudade imensa deste dia luminoso e será grande a angústia do tempo perdido. Quando o fel do desamor que carregas no peito for substituído pelo doce mel da Água Viva, só então, estarás pronto para alçar voo em direção ao Alto. Dependerá somente do vosso desejo caminhar mais rapidamente ou demorar-se nas longas e amargas estradas que poderão atravessar os séculos. Por agora só podemos almejar, do fundo dos nossos corações, que a Paz do Salvador germine em vossa alma, e este é o nosso maior desejo. Rogaremos ao Mestre do Amor, o nosso Salvador, para que vossas dores sejam suavizadas. Nosso Raboni veio para os doentes, para os aflitos, para os estropiados do corpo e da alma. Que a paz do Salvador seja em vosso coração, agora e sempre.

E, terminando sua breve fala, com grossas lágrimas que deslizavam por sua face, Miriam ficou de pé, estendeu as suas mãos sobre a cabeça do enfermo.

Pediu ao médico Theophilo que a auxiliasse na imposição de mãos e que Inácio, Elias e o casal de conselheiros, entoassem uma canção de louvor.

Em seguida a sublime discípula fechou os olhos e orou.

Naquele momento, sob o impacto de fortes emoções, que lhe atingiam como ondas de calor, Elias pôde perceber que as mãos da discípula irradiavam e pequeninas fagulhas cintilantes saltavam em direção ao doente, faíscas azuis e prateadas eram absorvidas pelo corpo do enfermo.

Ao mesmo tempo todo o aposento foi tomado por ondas de perfume de rosas silvestres.

Logo que foi iniciada a prece silenciosa de Miriam, o orgulhoso ex-decurião sentiu um torpor inexplicável, irresistível, e rapidamente adormeceu nada mais presenciando ou sentindo.

Após a imposição de mãos Miriam olhou fixamente para Elias e falou:

– A mim foi revelado que este irmão deve ser amparado por você Elias. Foi por causa dele que Matatias veio a você em sonho. Lembremos sempre da lição do Salvador, quando repetia: "Quem acolhe um dos meus irmãos em sofrimento, a mim me acolhe". Elias, é possível que a estrada deste nosso irmão seja longa e cheia de percalços, porque as portas renovadoras do coração só se abrem por dentro. Por agora só nos resta acolhê-lo em nossos corações, rogando ao Salvador que o fortaleça e o ilumine em sua jornada.

Miriam abraçou Elias e depois lhe beijou na testa, com carinho e emoção. Depois disto, Elias caminhou até a saída enquanto Miriam segurava em seu antebraço. Ela, Theophilo, Inácio e os conselheiros, se despediram e seguiram em direção à casa principal.

Durante aquela noite Elias permaneceu boa parte do tempo à cabeceira da cama do estrangeiro, admirando-o com grande curiosidade, após as inspiradas palavras da discípula abençoada.

E rogava ao Criador:

– Senhor, fortaleça a minha alma frágil para que eu seja útil a este irmão.

Posteriormente, tanto Elias quanto os cuidadores de plantão, perceberam que em cada uma das botijas, que eram colocadas em uma mesa próxima à janela do quarto, a água apresentava colorações e sabores diferenciados.

O TERCEIRO E ÚLTIMO dia de Miriam na comunidade do Caminho de Migdal foi de despedidas e de comemorações. Pois "a torre" ainda havia de visitar seus parentes consanguíneos e outros amigos, em outras localidades de Migdal, antes de passar por Nazaré para visitar os parentes de Yeshua, e finalmente retornar para Éfeso.

Na parte da manhã Miriam percorreu pelas salas de ensino, onde crianças e adolescentes dividiam as atenções dos mestres, enquanto aprendiam a leitura, a escrita e as artes matemáticas.

Depois caminhou por entre as plantações, os pomares e as criações de animais, estava sempre alegre, jovial e otimista.

Em dado momento, enquanto Miriam caminhava entre as flores do vasto jardim diante da casa principal, Elias se aproximou, emocionado, daquela mulher-luz do Evangelho e disse com lágrimas que caíam dos olhos:

– Irmã Miriam, venho apenas para informá-la do nosso irmão estrangeiro. Ele está curado! As suas chagas desapareceram por completo. Ficaram apenas cicatrizes. Ele está totalmente limpo.

E Miriam, com brando sorriso estampado em sua face, apenas disse:

– Louvemos ao Criador por isto, meu filho. Agradeçamos também ao meigo Rabi da Galileia, nosso mestre amado, Yeshua. Sem os quais nada somos e nada podemos.

Ela sorriu para Elias, afagou-lhe os cabelos e continuou o seu passeio tranquilo por entre as flores multicores e perfumosas.

Após o almoço, frugal e simples, as crianças reunidas cantaram, recitaram e representaram passagens do Evangelho do Salvador, emocionando a todos os presentes.

Os adolescentes tocaram seus instrumentos, dançaram e declamaram em homenagem à ilustre e amada visitante.

Logo em seguida a pequena Sarah, de sete anos de idade, que confeccionou com as suas próprias mãos, uma belíssima coroa de flores, aproximou-se de Miriam e enquanto lhe colocava a coroa, falou:

– Irmã Miriam, o nosso Salvador Yeshua, o mestre do amor e da paz, recebeu injustamente uma coroa de espinhos. Mas, hoje o Salvador gostará de saber que, em nome dele, você receberá esta coroa de flores, que representa a nossa gratidão e o nosso amor fraterno.

Os olhos de Miriam transbordaram de emoção e ela abraçou a pequena e a beijou dezenas de vezes na cabeça, no rosto rechonchudo e na testa, enquanto em sua tela mental recordava o carinho luminoso que Yeshua tinha sempre com as crianças: "Deixai vir a mim as criancinhas" - dizia o Mestre e Miriam parecia ouvir-lhe ainda a voz branda.

Depois de demoradas despedidas e muitas promessas de reencontros, Miriam seguiu sua viagem, deixando em todos daquela comunidade as marcas do seu inesgotável amor.

Na reunião daquela noite, na comunidade do Caminho de Migdal, houve inúmeros relatos de curas. E muitos dos que foram curados participaram da oração noturna, pela primeira vez.

E grande foi o louvor.

XXI – Outro caminho

ALGUM TEMPO DEPOIS À partida de Miriam.

De manhã, antes mesmo das primeiras refeições do dia na enfermaria, Elias foi surpreendido por uma pergunta, enquanto recolhia os instrumentos e utensílios de trabalho.

- Há quanto tempo estou aqui? - perguntou, com a voz rouca, o "enforcado".

Elias olhou para ele e respondeu calmamente:

- Que bom que estás recuperando a voz. Espero que estejas se sentindo bem. Fale sem pressa, evite falar em tom mais alto. Assim poderemos melhorar o nosso atendimento. Quanto ao tempo que estás conosco, desde o dia no qual chegou a esta comunidade, três Luas cheias, mais ou menos.

E a voz rouca insistiu:

- Onde eu estou? Quem são vocês? Por que me trouxeram para cá? Quanto isto vai me custar? Eu não tenho dinheiro.

Perguntou atropeladamente o ex-decurião. E Elias mais uma vez respondeu com a calma que lhe era peculiar:

- São muitas perguntas ao mesmo tempo - respondeu enquanto se aproximou alguns passos do paciente.

E continuou explicando:

- Nós estamos na comunidade do Caminho, em Migdal. A vila dos pescadores fica a, aproximadamente, uma hora de caminhada daqui. Este sítio foi doado, anos atrás, por nossa amiga e benfeitora Miriam, aquela mesma senhora que esteve aqui tempos atrás.

E como que lendo o olhar indagador do seu ouvinte, Elias continuou:

- Nosso trabalho principal aqui é o de auxiliar a quem precisar, indistintamente. Seguimos, na medida das nossas possibilidades, os ensinamentos do mestre Yeshua, que reconhecemos como o nosso Salvador. E o nosso atendimento não é cobrado, nós não aceitamos dinheiro pelo auxílio que prestamos. São os próprios trabalhadores da comunidade, muitos deles ex-enfermos, que mantêm a colônia. Plantamos, colhemos e vendemos frutas, legumes, verduras, ovos, leite, azeite e muitos outros produtos que fabricamos aqui. Deste modo não se perturbe com dinheiro, o que mais nos importa é o seu pleno restabelecimento.

O ex-decurião assentou-se com o auxílio de Elias e perguntou, se sentindo confuso:

- Quando eu poderei ir embora?

E Elias com a mesma calma de sempre, respondeu:

- Nosso sítio não é uma prisão, antes é uma Casa de Socorro. Todos que desejarem deixá-la podem fazê-lo, quando bem quiserem. Desde que se sintam em plenas condições.

Aelius, após breve movimento, firmou os pés no chão, não sentiu dor alguma e estranhou aquilo.

Elias observando as reações do ex-decurião, perguntou:

- Sentes algo diferente em vossa saúde? A mim parece que estás bem melhor. Já reparaste em vossas mãos ou pés? Observas algo diferente?

Foi quando Aelius observou mais atentamente o seu próprio corpo. Não usava mais as bandagens, seus membros não estavam mais enfaixados.

As diversas chagas antes abertas e doloridas, não existiam mais. Como podia ser?

Onde as dores no pescoço, nas articulações ou mesmo no interior do seu corpo? O que havia acontecido? Seria algum tipo de magia?

Aelius se sentia fisicamente renovado e até mesmo experimentava uma disposição interna que há muito não sentia.

Para o seu maior espanto, havia cicatrizes onde antes estavam as chagas em seu corpo. As cicatrizes, contudo, mais pareciam marcas de queimaduras.

Onde as dores, onde o desconforto, onde a febre feroz?

E, sem compreender o que lhe havia acontecido, o ex-decurião sentou-se pesadamente em sua cama. Olhou para Elias e perguntou com o cérebro confuso:

- Como vocês fizeram isto? O que aconteceu comigo? Estou curado?

Elias, aproveitando a oportunidade, explicou:

- Aquela mulher que esteve aqui há algum tempo, o nome dela é Miriam, ela o curou.

E Aelius, pela primeira vez em toda a sua existência, fez silêncio dentro de si mesmo, para tentar compreender o que estava acontecendo.

ALGUMA COISA NA MENTE e no coração do orgulhoso romano havia se modificado também.

Aelius só agora refletia, porque após longos meses de sofrimento e dores sem fim; de difíceis e extenuantes caminhadas pelo deserto, onde sentiu fome, teve sede, passou por calores escaldantes durante os dias e sofreu frio nas noites; depois de experimentar e de sofrer a rejeição e o preconceito; após três tentativas fracassadas de suicídio; em seguida a sequência das longas semanas acamado e na dependência direta da boa vontade alheia; e, finalmente, sob os efeitos benéficos da cura miraculosa; tudo isto somado acabou por lhe minar, de algum modo, a vaidade extremada.

Agora Aelius observava atentamente o seu cuidador que se movia agilmente no ambiente, mesmo com a ausência da perna. E em sua mente a curiosidade: "Parece que conheço este homem de algum lugar. Mas não consigo me recordar".

E depois de vários minutos de profundo silêncio, Elias retomou o diálogo:

– Não há mais necessidade de vossa permanência neste alojamento, que é destinado a casos mais graves. Há em nossa comunidade outros aposentos que poderão ser utilizados, caso seja do vosso interesse permanecer conosco.

E o ex-decurião, em tom de voz mais brando que de costume, disse:

– Eu só necessito de poucos dias para me organizar. Penso que, diante das atuais circunstâncias, devo considerar o retorno à casa de meus pais, que por certo me consideram morto. Preciso reavaliar minhas possibilidades.

Ao terminar tal frase, o ex-decurião passou a mão pelo pescoço. Sentiu a cicatriz e deu por falta do cordão que improvisara, porém não o encontrou.

Observando a atitude do estrangeiro, Elias apontou para uma pequena cesta em forma de baú que se achava ao lado da cama e falou:

– Todos os vossos pertences estão nesta cesta ao seu lado. Só não conseguimos aproveitar as vestimentas, porque estavam muito surradas.

Aelius pegou a pequena cesta e a abriu. Lá estavam as suas

sandálias romanas, bem desgastadas, porém limpas. Uma pequenina bolsa de couro, com duas ou três moedas. E o tal cordão, feito em fio de couro, com o anel que seu pai havia dado.

O romano olhou para Elias e disse:

- Sim, está tudo aqui - como querendo agradecer, porém, sem saber como dizer.

E pensava confuso em seus conceitos: "Por que essa gente faz o que faz? O que ganham com isto? Não consigo entender tal comportamento."

Então Elias, percebendo o constrangimento do estrangeiro, convidou amistosamente:

- Vosso novo aposento vos aguarda, permanecerá nele o tempo que vos aprouver, não há necessidade de pressa. Por favor, acompanhe-me.

E assim dizendo Elias indicou a porta e seguiu na frente do ex-paciente, que agora era hóspede da comunidade do Caminho, e que o acompanhou até uma das casas mais adiante.

NOS DIAS QUE SE seguiram, enquanto colocava em ordem os seus pensamentos e após adaptar-se ao novo aposento, Aelius observou e visitou todos os espaços e setores de trabalho do sítio. Conheceu o modo de vida daquele grupo curioso de pessoas, participou de algumas refeições coletivas e também ouviu, sempre de longe, as preleções e as preces que eram realizadas nas reuniões noturnas.

Elias tratava o ex-decurião com o mesmo zelo de sempre. E após vencer a resistência inicial do romano orgulhoso, conseguiu levá-lo para pequenos passeios pelos jardins e pelos pomares, para que conhecesse melhor o sítio e ao mesmo tempo se exercitasse caminhando após tanto tempo acamado.

Aelius que geralmente mantinha o silêncio, em certo momento perguntou a Elias:

– Você nasceu assim? Sem a perna?

Elias, respondeu com tranquilidade e sem constrangimento:

– Não nasci assim. Isto foi um acidente. Embora, com o passar dos anos, acabei por compreender que o que me ocorreu foi, sim, uma espécie de renascimento. Foi quando a minha alma renasceu. Como dizem os sábios: "Muitas vezes Deus nos fala através de pessoas e de circunstâncias."

Ao ouvir aquele argumento o ex-decurião questionou:

– Mas, parece que o seu deus não te protegeu tão bem assim?

Inspirado e compreendendo a ignorância do seu ouvinte, Elias comentou:

– Ele é o Deus do amor, da misericórdia, do perdão. E tudo que acontece neste mundo tem um motivo, uma razão. Embora na maior parte das vezes não compreendamos assim.

E Aelius perguntou ainda curioso:

– E quem vos ensinou estas coisas? Não consigo entender.

Elias percebeu que o seu interlocutor não estava disposto e maduro o suficiente para compreender a verdade do Salvador, ainda assim, esclareceu:

– Nosso Salvador, Yeshua, nos ensinou. E para tentar entendê-lo basta que a boa vontade guie os sentimentos.

Aelius não conseguia alcançar aquele ensinamento e disse:

– De onde eu venho os deuses são muito diferentes.

Ainda curioso o ex-decurião tornou a perguntar sobre o tal acidente ocorrido. Elias parou, olhou fixamente para o ex-decurião, e falou sem alarde:

– Aconteceu quando eu era apenas um menino assustado, revoltado e cheio de ódio. Meu avô, que me criou desde a morte de meus pais, trabalhava na feira. Certo dia foi agredido por um soldado. Eu, por minha vez, movido por impulso arrebatador da juventude inconsequente, agredi o agressor do meu avô. E a minha perna foi decepada com um golpe de espada. Isto ocorreu em Jerusalém.

Aelius ouviu com espanto e reviu toda a cena em sua mente. Sentiu a sua cabeça latejar. Ficou tonto e buscou assentar-se, levando as mãos até a cabeça. Suas mãos começaram a transpirar e um suor frio começou a brotar em sua testa. O coração parecia bater descompassado no peito e em sua garganta um nó dificultava a deglutição da saliva.

Sim, ele estava diante daquele menino do qual havia sido o carrasco cruel. E pensou, que por caminhos misteriosos os deuses o haviam conduzido até aquele lugar. E a sua vítima de outrora se transformara em benfeitor no presente.

O ex-decurião não conseguia entender o que aquela situação significava. Por que aquilo estava acontecendo? Seu cérebro fervilhava entre os sentimentos confusos de vergonha, constrangimento e arrependimento, como jamais lhe ocorrera antes.

Elias, percebendo o estranho estado mental e físico do seu interlocutor, correu em sua direção a ampará-lo.

Os olhos do ex-decurião estavam estranhamente abertos e sua respiração se fazia difícil e entrecortada, parecendo prestes a ter uma síncope.

Elias imediatamente pegou o lenço que trazia ao ombro e após molhá-lo em fonte próxima, o entregou ao estrangeiro que começou a passá-lo pela testa e pelo rosto.

– Acalme-se. Respire devagar. Tranquilize vosso coração. Vou providenciar o medicamento necessário.

E assim Elias chamou a sua noiva, Ester, que estava em local próximo e pediu seu auxílio, no que foi atendido prontamente.

Após beber o chá calmante que Ester trouxe, decorridos poucos minutos, o estrangeiro pareceu mais calmo.

E naquele momento, com os olhos do espírito, Elias pôde

observar que ao seu lado estavam o seu inesquecível amigo e mentor Matatias e também o seu avô Natanael, que lhe sorriam.

Ele ouviu em sua mente a voz amiga de Matatias, que relembrava o ensinamento do Salvador: "Amai-vos uns aos outros, como eu vos amei."

Elias, como que a olhar para o nada, esboçou um sorriso e mentalmente orou pedindo ao Criador que pacificasse aquela alma atribulada. E que o mestre e salvador, Yeshua, iluminasse o coração do estrangeiro.

Em seguida Elias e Ester conduziram o romano ao seu aposento para que repousasse.

TEMPOS DEPOIS, AO ROMPER da aurora, Aelius já estava de pé e disposto a deixar a comunidade.

Nas primeiras horas do dia procurou por Elias para informá-lo de sua saída iminente. E ao encontrá-lo, olhou-o fixamente e falou:

– Preparo a minha partida para daqui a algumas horas. E quero agradecê-lo por tudo que foi feito por mim neste lugar. Entendo que a vida neste lugar é boa e as pessoas que aqui vivem são do bem, contudo, minha maneira de pensar diverge muito da de vocês. Devo retornar para a minha casa, para os meus.

Meditativo, Elias falou com brandura:

– Respeitamos a vossa escolha. Caso mude de ideia e necessite esta comunidade estará sempre disposta a auxiliá-lo. Esperamos que faça uma viagem tranquila de retorno ao seu lar e que os seus parentes o recebam de braços abertos. E vamos providenciar o necessário para sua viagem.

Pouco tempo depois o estrangeiro estava pronto para seguir seu destino. Então, após as breves despedidas, tomou o caminho da saída da comunidade. Aelius seguiu em direção ao portão do sítio, porém, antes de ultrapassá-lo, parou e olhou para trás.

Elias observava com atenção o estrangeiro que se afastava com passos firmes. Enquanto sua noiva, Ester, se aproximou e lhe segurou a mão com carinho. Emocionado e com os olhos cheios de lágrimas, Elias gritou:

- Decurião Aelius. Perdoe, em vosso coração, a agressão daquele menino da feira de Jerusalém. Porque ele não sabia o que fazia.

Surpreendido com a atitude reveladora de Elias, o romano parou por um breve instante e pensou: "Como ele sabia quem eu era? Eu nunca falei meu nome aqui, muito menos que fui decurião".

Lentamente virou sobre os calcanhares e, meditativo, se pôs a caminhar pela pequena estrada de chão que ia em direção à vila de pescadores, a vila de Migdal.

Aelius vestia roupas no estilo ocidental greco-romano, algumas peças do vestuário foram feitas pelas costureiras da comunidade - a túnica, o lenço, a capa e protetor de cabeça, artesanalmente confeccionadas –, os apetrechos foram presentes de Elias, em nome da comunidade.

Na mão direita levava um bastão longo e cruzados em seu peito estavam, de um lado, uma bolsa confeccionada em couro de carneiro com seus objetos pessoais e alguns alimentos, e do outro lado um odre com água fresca.

Caminhava em direção ao porto de Migdal, de onde tomaria uma embarcação que o levaria às ilhas gregas, e de lá seguiria para sua terra natal, Roma.

Enquanto andava, pegou o seu cordão e retirou dele o anel que pertencera ao seu avô. Experimentou colocá-lo novamente no dedo, porque o havia retirado, devido ao inchaço provocado anteriormente pela doença insidiosa que o acometera.

O velho anel entrou em seu dedo como nos tempos idos e Aelius sentiu o seu coração bater mais forte.

Algum tempo depois, ao tomar a estrada principal, deixando a pequena estrada secundária da comunidade do Caminho, deparou com uma patrulha romana que vinha em sua direção.

Seguiu adiante sem temores. E ao se aproximar um pouco mais do grupo militar foi interpelado pelo líder:

- Alto lá andarilho! De onde vens e para onde segues?

Aelius estacou, estendeu a mão direita e falou em voz alta:

- Ave César! Sou romano de nascimento, ex-legionário, servi em Jerusalém, sob o comando do centurião Cassius Florus, e agora sigo para Roma.

O comandante da patrulha respondeu a saudação do peregrino e se aproximou cautelosamente. E, então, pôde reparar que o rosto de Aelius, bem como as suas mãos, apresentavam várias cicatrizes, semelhantes às provocadas por queimaduras. E novamente indagou:

- Como saberei se não estás mentindo?

E Aelius respondeu com segurança e naturalidade:

- Meu nome é Marcus Aelius Varus, sou o filho primogênito do centurião Lucius Aelius Varus e trago em minha mão o anel que pertenceu ao pai do meu pai - e assim dizendo mostrou o punho fechado com o referido anel.

Enquanto isto, admirados e percebendo também as grandes cicatrizes, os demais soldados da patrulha comentavam entre si, em voz baixa:

- Ele deve ter lutado nas tropas de Vespasiano. Olhem as queimaduras. Talvez seja um dos sobreviventes do terrível banho de óleo fervente - cochichavam, cogitando estarem diante de um dos sobreviventes da Guerra Judaica do ano 70.

O líder da patrulha chegou mais perto, segurando firme o punho do seu gládio e pôde ler no anel metálico: "LEGIO FERRATA". E, finalmente convencido, disse:

- O nome de sua família é conhecido. Você está mesmo bem longe de casa legionário. Como veio parar neste fim de mundo?

Aelius respondeu com tranquilidade, mas sem desejar estender a conversa:

- Para tratamento médico. Para cuidar da saúde.

O legionário chefe ordenou que a tropa ficasse à vontade e buscasse as sombras das árvores próximas. Voltando-se para Aelius comentou, agora se sentindo mais tranquilo diante de um colega militar, enquanto retirava o elmo para secar a testa e os cabelos suados:

- Podemos auxiliá-lo em seu retorno a Roma. Estamos caminhando há horas nestas estradas poeirentas, estamos exaustos. Fixamos acampamento perto da praia de Migdal e seguiremos para o sul. Em poucos dias levantaremos acampamento e algumas das embarcações que nos trouxeram até aqui retornarão para a cidade eterna, para as "sete colinas". Certamente, você poderá seguir em uma delas.

Aelius ficou contente com aquela possibilidade que encurtaria a sua viagem e concordou com a oferta.

Limpando o suor abundante do rosto, o chefe da patrulha explicou a Aelius:

- Estamos caçando rebeldes judeus. Eles estão por todas as partes, corja miserável. Esta estrada de onde você saiu, onde ela termina? Há alguma habitação suspeita, alguma aglomeração de ratos judeus imundos? O amigo viu algo parecido pela estrada? Nossas ordens são para não termos piedade, não devemos fazer prisioneiros.

Aelius olhou calmamente para trás, fechou o cenho e respondeu com seriedade, olhando fixamente para os olhos do legionário:

– Dou-lhe a minha palavra solene de decurião das Legiões Gloriosas. Reserve sua energia para outros fins e poupe a força dos seus comandados. Não há nada nesta via empoeirada que seja do interesse de Roma. Nada observei nela que pudesse ameaçar a ordem romana. Esta estrada conduz a outro caminho.

Aliviado, o chefe da patrulha aceitou a informação de Aelius e chamou seus soldados de volta à formação:

– Melhor assim. Vamos homens, não há nada que nos interesse aqui. Retornemos ao acampamento, já se aproxima a hora do almoço. Amanhã seguiremos por outra via.

E olhando novamente para Aelius, o líder falou animado:

- Irmão de armas, é hora de retornar para sua casa. Será uma honra tê-lo conosco decurião Aelius. Sigamos em frente.

O Sol alcançava o seu ponto mais alto no céu límpido de Migdal, Aelius olhou para trás e, pela última vez, admirou as árvores frondosas que margeavam a pequena e rústica estrada que conduzia à singela comunidade do Caminho.

Suave brisa começou a soprar e um bando de pássaros bailava nos céus em onduladas e velozes coreografias.

E, em uma fração de segundos, enquanto relembrava o rosto jovial e sorridente de Elias, lhe pareceu ouvir ainda a encantadora voz de Miriam, recordações que se assomavam ao seu pensamento:

– Esta estrada conduz a outro caminho. Outro caminho. Que a paz do Salvador seja em vosso coração, agora e sempre.

SEGUNDA PARTE

I – Explicações necessárias

"O Espiritismo e a Ciência se complementam reciprocamente; a ciência, sem o espiritismo, se acha na impossibilidade de explicar certos fenômenos só pelas leis da matéria; ao espiritismo, sem a ciência, faltariam apoio e comprovação". (Allan Kardec - *A Gênese* - Cap. I, item 16).

"O espiritismo, pois, não estabelece como princípio absoluto senão o que se acha evidentemente demonstrado, ou o que ressalta logicamente da observação. (...) Caminhando de par com o progresso, o espiritismo jamais será ultrapassado, porque, se novas descobertas lhe demonstrarem estar em erro acerca de um ponto qualquer, ele se modificaria nesse ponto. Se uma verdade nova se revelar, ele a aceitará". (Idem; item 55).

É certo que as pesquisas históricas e arqueológicas, que ainda estão em desenvolvimento, a cada dia que passa, apresentam novas informações e trazem novas luzes, colaborando com o processo de construção de novos conhecimentos e de novos saberes[31].

Contudo, diante das parcas possibilidades e dos limites existentes, que o próprio mundo material e as distâncias históricas e culturais nos impõem, há que se considerar que todo esforço para a reconstrução daquele espaço-tempo distante – de um povo diferente, em uma paisagem também diferente –, é um trabalho bastante árduo (e que, muitas vezes, permite apenas aproximações, ilações, suposições).

Os estudos histórico-culturais[32] não fazem parte dos quadros das ciências exatas, assim, todo conhecimento histórico-cultural possui seus métodos e técnicas próprios de pesquisa.

Em todos os casos, será sempre necessário relativizar os conhecimentos relacionados aos vários personagens envolvidos na grande narrativa dos Evangelhos.

Maria Madalena é por si só, um mistério histórico que nos encanta e desperta a nossa curiosidade. Ela é, muito provavelmente, a personagem mais enigmática, mais injustiçada e mais incompreendida, dos Evangelhos.

Atualmente, de acordo com as tradições culturais cristãs, Maria Madalena é considerada a *santa padroeira* de várias cidades, em diferentes regiões do mundo.

Ela é também a *santa protetora* de diversas profissões, entre elas: *a) dos perfumistas; b) dos cabeleireiros; c) dos boticários; d) dos curtumeiros; e) dos farmacêuticos; g) dos fabricantes de luvas.* Também é considerada a protetora das mulheres e das prostitutas[33].

31. Pesquisas arqueológicas recentes (na primeira década do século XXI), na região onde se supõe se localizava a antiga Migdal do século I, foram encontrados vários objetos (entre eles vidros de perfumes) e até mesmo vestígios de um antigo templo do judaísmo.

32. Cultura aqui é entendida como toda e qualquer produção humana.

33. Também: das pessoas "ridicularizadas por sua piedade"; pessoas "sob tentação sexual"; pessoas que se "dedicam à vida contemplativa"; dos "convertidos" e dos "pecadores".

No interior da vasta iconografia[34] cristã, depois de Jesus e de Maria, sua mãe, talvez, Madalena seja a personagem feminina mais retratada (e/ou pintada) dos Evangelhos – um fenômeno que demonstra, entre outras coisas, a relevância da personagem.

Simbolicamente, envolta por diferentes sentidos e significados, Madalena carrega em si um paradoxo. Ela transita entre os elementos díspares da contradição, com aspectos múltiplos, características policrômicas e percepções multifacetadas. Sua imagem e os diferentes conceitos que a circundam, caminham pelo campo do mistério, nas dobras mais obscuras da história.

Curiosamente, mas não por acaso, Maria Madalena se encontra na fronteira entre a sombra e a luz, entre o divino e o profano. Sobre ela existem interpretações multipolares e plurais.

Madalena também representa, simultaneamente, um tipo de amálgama que contém espectros do erro e do pecado que arremete, contraditoriamente, às esferas do acerto e da salvação.

Até o presente momento, além das poucas informações contidas nos Evangelhos sinóticos[35] e nos textos apócrifos[36], – especialmente, em o *Evangelho de Maria Madalena*[37] –, não dispomos de outros dados significativos e/ou concretos.

Ou seja, até agora não existem documentos/elementos históricos (ou artefatos, ou monumentos; etc.), que permitam ou possibilitem qualquer outra análise mais aprofundada e mais específica da personagem em foco.

34. Estudos das imagens.
35. São os evangelhos de Mateus, Marcos e Lucas, por semelhanças e similaridades apresentadas.
36. Chamados de "pseudocanônicos" ou "ocultos".
37. Já existem traduções para a língua portuguesa.

A respeito das realidades vividas e experimentadas em outros tempos e em outros lugares (sempre com muito cuidado, evitando a mera especulação improdutiva e o anacronismo[38] estéril), o conhecimento histórico possível é sempre provisório e de cunho interpretativo.

A História é reconstruída e reconstituída por pedaços do passado, por cacos, por fragmentos, por peças, que vem flutuando do mar do passado (recente ou distante), e que aportam nas praias dos dias atuais, assinalando que outros olhos e outras mentes já viveram, vislumbraram, sentiram e pensaram, sob o mesmo Sol, sob a mesma Lua e sob as constelações do céu, muito antes de nós.

Assim, com um pouco de reflexão de nossa parte e de posse de alguns instrumentos históricos, é possível reconstruirmos, com os fragmentos existentes e disponíveis, a nossa forma de compreender e de pensar.

Sobre Maria Madalena recaíram e foram construídos grandes equívocos, alguns propositadamente e outros devido à ignorância (desconhecimento).

Este modesto livro tem como principal objetivo contribuir nos debates existentes sobre esta personagem singular que foi Maria Madalena e, se possível, colaborar no resgate daquela que é uma das principais personagens da história do cristianismo, usando como pano de fundo a perspectiva filosófica cristã-espírita[39].

Certamente, não se trata de um estudo conclusivo, mesmo porque, quando visitamos e caminhamos pelas trilhas longuíssimas e surpreendente história da humanidade, a última

---

38 Erro cronológico. Fato, acontecimento ou qualquer coisa atribuída equivocadamente a uma época, sem razão de ser/estar.

39. A doutrina espírita foi codificada por Allan Kardec e suas bases se encontram alicerçadas nos cinco livros básicos: *O Livro dos Espíritos; O Livro dos Médiuns; O Evangelho segundo o Espiritismo; O Céu e o Inferno*; e *A Gênese*.

palavra jamais poderá ser dada (e bem louco deve ser quem o deseja fazer).

Convidamos os prováveis leitores para um passeio pela história de uma das mais belas e mais intrigantes personagens da história do cristianismo, para que, no final, possam refletir um pouco mais sobre o tema e construírem suas próprias conclusões, revendo e reavaliando conceitos, conhecimentos e saberes.

Registramos aqui a nossa grande admiração e respeito pela mulher Maria Madalena e sob a qual pensamos que muito há ainda que se reparar e corrigir no campo dos conceitos.

Agradecemos, humildemente, a Deus, Criador de todas as coisas, a Inteligência Suprema do Universo, por mais esta modestíssima colaboração.

Agradecemos também ao mestre Jesus, modelo e guia da humanidade, nosso Governador Planetário, por esta nova oportunidade de trabalho.

Nossa mais profunda gratidão à doutrina dos espíritos e aos nossos mentores, sem os quais nada poderíamos realizar no plano terrestre.

Nossa gratidão à Editora EME, pela oportunidade renovada de trilharmos juntos os caminhos do bem maior e na construção coletiva de uma nova Terra.

Que nossas modestas reflexões sejam úteis aos amigos-irmãos e amigas-irmãs que caminham conosco no planeta Terra, nos dois lados da vida, nesta fascinante jornada educativa de nossas almas imortais.

II – O APOIO DAS CIÊNCIAS

O PRINCIPAL OBJETIVO DESTA parte se firma na intenção de demonstrar aos prováveis leitores que nossos hábitos e nossos costumes contemporâneos ainda possuem um poderoso lastro cultural, construído no desenrolar dos milênios, e que ainda fazem parte das nossas vidas, mesmo no século XXI.

Há ainda muitas características histórico-culturais dos nossos ancestrais, mesmo os mais distantes deles, que ainda sobrevivem e caminham entre nós. São hábitos, costumes, comportamentos, ideias, conceitos, etc., que impregnam nossas vidas.

No campo histórico das longas durações, os pensamentos e as mentalidades são altamente elásticas, tão elásticas que os preconceitos com as mulheres (bem como a respeito dos negros, das crianças, dos velhos, enfim, sobre os diferentes), estão ao nosso redor, nós ainda os respiramos e, infelizmente, ainda os reproduzimos.

a) História e conhecimento: noções

A pesquisa histórica se dedica ao estudo dos fenômenos

humanos (produção cultural) que são produzidos nos diferentes períodos do passado e em diferentes lugares.

A História, enquanto ciência social e humana, depende direta e indiretamente da contribuição de outras ciências e disciplinas, como: a Sociologia, a Pedagogia, a Psicologia, a Antropologia, a Filosofia, a Arqueologia, etc.

Os estudos históricos sob o prisma da *longa duração*[40] pretendem analisar, principalmente, os acontecimentos que ocorreram em um longuíssimo período de tempo passado. Como, por exemplo, os acontecimentos produzidos e transmitidos, com variações e modificações, no decorrer dos milênios.

Todos os acontecimentos ocorrem em meio a diferentes e complexas estruturas (culturais, sociais, econômicas, jurídicas, etc.), e em situações conjunturais múltiplas e diversas. O resultado do somatório destes elementos é denominado *contexto histórico-cultural*.

No contexto histórico-cultural também estão inseridos os pensamentos, as mentalidades (por exemplo, conceitos e preconceitos), como geradores e divulgadores de valores, de padrões, de hábitos, de costumes, etc.[41]

As mentalidades e os pensamentos são, de modo geral, transmitidos pelas gerações mais velhas para as gerações mais novas, por meio de um fenômeno que nós conhecemos hoje como "educação".

Há sempre transmissão de conhecimentos, de valores, de padrões, etc. entre os seres humanos que vivem em determinado grupo (sociedade) e certo local (espaço/paisagem geográfica) e em um tempo específico (história).

Assim, em um determinado grupo (uma sociedade) os

40. Cujo principal modelo teórico foi sugerido, no transcorrer da primeira metade do século XX, pelo historiador francês Fernand Braudel (1902-1985).

41. E também dos preconceitos, ou seja, conceitos preconcebidos e destituídos de qualquer embasamento.

valores, os hábitos, os costumes, etc. são passados/transmitidos, podendo sofrer alteração ou adaptação, com o passar dos tempos.

Todos nós compartilhamos valores e conceitos que encontramos no mundo e que foram produzidos e transmitidos por pessoas que viveram muito antes de nós. Encontramos e experimentamos estes valores/padrões na família, na igreja, no clube, no trabalho, na escola, na rua, enfim, em toda parte.

Em um único dia somos atingidos por milhares de informações (visuais, sonoras, olfativas, táteis, etc.)[42] que afetam, direta ou indiretamente, a nossa forma de falar, de pensar, de viver e de agir no mundo.

Neste sentido, vamos construindo a nossa *visão de mundo* e as formas de *atuar no mundo*, em resposta aos múltiplos e variados estímulos que recebemos, nos diversos e diferenciados espaços pelos quais transitamos e vivemos.

b) Cultura, educação, religião: algumas considerações

Ao analisarmos, por meio da história da cultura e da educação[43], é possível constatar que, de modo geral, desde as primeiras civilizações organizadas do mundo antigo, o ensino institucionalizado (nas antigas formas de escolas) foi um espaço priorizado para os meninos.

Grandes civilizações do passado como Grécia, Roma, Egito entre outras, privilegiavam a educação dos meninos, em detrimento da educação/ensino das meninas (com raras exce-

42 Também podemos incluir aqui as sugestões que nos atingem, diariamente, vindas do mundo espiritual. Vide: *O Livro dos Espíritos* e *O Livro dos Médiuns*, ambos de Allan Kardec.

43. Aquela que se compreende, mais especificamente, como um tipo de transmissão de ensino institucionalizado, ou seja, no processo histórico das instituições que geraram aquilo que hoje conhecemos como "escolas".

ções). Os meninos seriam os futuros líderes e governantes (os meninos das elites, obviamente).

No mundo antigo, em várias sociedades, o que se percebe é que para as meninas era reservada a educação doméstica ou, quando muito, alguns ensinamentos rudimentares ou elementares (certamente existiram algumas exceções históricas e culturais).

Vejamos, como exemplo, alguns trechos de um dos discursos de Aristóteles[44] (cujas ideias influenciaram profundamente os filósofos católicos romanos, como, por exemplo, Tomás de Aquino):

> Alguns seres, ao nascer, se veem destinados a obedecer; outros, a mandar. (...) A autoridade doméstica é uma monarquia, pois que toda a família é governada por um só. Aliás, a relação de superioridade existe constantemente da espécie macho para a espécie fêmea (...). No homem, a coragem serve para mandar; na mulher, para executar o que um outro prescreve, o mesmo acontece com as outras virtudes.

De modo geral, em muitas das culturas antigas é possível perceber que os meninos eram educados para ocuparem os *espaços públicos* (rua), enquanto as meninas eram educadas para permanecerem nos *espaços privados* (casa).

E ainda de modo amplo, nas antigas sociedades, as escolas eram ligadas aos templos, onde os sacerdotes e escribas desempenhavam também o papel de professores.

Em meio ao turbilhão de informações culturalmente produzidas e transmitidas se encontram as "religiões" – uma produção cultural –, com seus conceitos, seus padrões, seus valores, seus ritos, seus mitos, etc.

44. *A política.* Cap II – § 8, p. 18 e § 22; Cap. III – § 8, p. 34 e § 13, p. 36.

c) Aspectos da cultura judaico-cristã ocidental

Entre nós ocidentais, encontramos uma forte e intrincada rede de influências, de saberes e de fazeres, que atravessaram os milênios, no amálgama formado pelo judaísmo e pelo cristianismo.

Na construção cultural coletiva de padrões, de valores, de conceitos, etc. existem, são perceptíveis e podem ser identificados traços, nuances, tais como brumas espargidas, aqui e ali.

Algumas vezes esses traços culturais são difíceis de serem compreendidos diretamente, mas agem como harpas da memória que tocam e fazem vibrar as cordas culturais individuais (das pessoas) e coletivas (dos grupos sociais).

E todos nós existimos, vivemos e estamos mergulhados, enquanto no mundo físico[45], nestes padrões, nestes valores, nestes *lugares-pensamentos-tempos*.

No interior da nossa cultura ocidental, com seus valores e seus padrões múltiplos e multifacetados, com suas características, se encontra um livro que pode ser considerado como um dos mais editados e mais vendidos: a *Bíblia*[46].

O *Livro Sagrado* assinala fortemente entre nós a presença marcante de conceitos e padrões culturais judaicos e, ao mesmo tempo, propaga valores e padrões cristãos. A *Bíblia* traduzida em diversos idiomas serviu, por séculos e séculos, em várias sociedades, como "livro didático básico", especialmente nas escolas medievais europeias.

Escolas que foram criadas, mantidas e dirigidas pela Igreja Católica Apostólica Romana, desde a Alta Idade Média (século V d.C.), utilizaram os textos bíblicos largamente na ins-

45. E aqui só estamos considerando as influências físicas, ou seja, as do mundo material.

46. Constituída pelo Velho e pelo Novo Testamento (doravante: VT e NT). Para os espíritas: a primeira e a segunda revelação.

trução das novas gerações. Modelo que foi, posteriormente, amplamente seguido pelas Igrejas Reformadas (ditas Protestantes), a partir do início da Idade Moderna (do século XVI em diante).

Obviamente o Brasil não escapou de tais modelos e influências.

III – TRAÇOS DA EDUCAÇÃO NO BRASIL

NA HISTÓRIA DA EDUCAÇÃO[47] brasileira é bastante conhecido o trabalho pedagógico e educacional que foi empreendido pelos padres jesuítas, desde o período colonial.

Durante séculos a transmissão de conhecimentos e de valores culturais em nosso país representava reflexos e interesses dos padrões e valores europeus.

Com a chegada dos primeiros padres jesuítas (em 1549), cuja liderança era do padre Manoel de Nóbrega[48], foi iniciado o ensino catequético, ou seja, a transmissão de conceitos, de valores, de padrões culturais cristãos e europeus, tanto para os filhos dos colonizadores aqui estabelecidos, quanto para as crianças indígenas (autóctones), os padres jesuítas foram os campeões neste tipo de processo de ensino[49].

---

47. Disciplina que o autor leciona no ensino superior, desde 1997.
48. Que muitos afirmam ter sido uma das reencarnações do espírito Emmanuel, mentor de Chico Xavier.
49. As crianças negras foram excluídas deste processo, porque os padres jesuítas também eram escravocratas.

Infelizmente, em relação ao tratamento dado às crianças negras, que foram sequestradas na África (e/ou as nascidas aqui, posteriormente), os jesuítas pouco fizeram em defesa e para a evolução das mesmas (com raríssimas exceções)[50].

50. Vale relembrar que os jesuítas eram escravistas, ou seja, também possuíam escravos.

IV – E AS MULHERES NESSA HISTÓRIA?

CURIOSAMENTE, MAS NÃO POR acaso, a História, como a conhecemos hoje, foi elaborada nas mentes e escrita por mãos masculinas e, por este mesmo motivo, escrita também *no masculino*.

A *História das mulheres* é um campo de estudos bastante recente, muito amplo e em construção. No Brasil os estudos e as pesquisas sobre a história das mulheres vem se desenvolvendo nas maiores e mais importantes universidades e em diversos outros núcleos e espaços não-universitários (como, por exemplo, Organizações não governamentais, institutos, fundações, etc.).

O tema "mulheres e história" é de interesse de diferentes áreas do conhecimento, como: a história, a pedagogia, a psicologia, a antropologia, a sociologia e outras. Todas elas convergindo para as análises das diferenciadas condições existenciais das mulheres.

Pesquisas brasileiras recentes indicam, por exemplo, que as mulheres: a) são mantenedoras de suas famílias; b) estão permanecendo mais tempo nos bancos escolares; c) estão ocupando lugares importantes nos cargos/funções de chefia e liderança (ainda que, infelizmente, recebam menores salários); d) estão surgindo como empreendedoras (criando e mantendo suas próprias empresas); e) estão frequentando os cursos de nível superior em escala crescente; etc.

Tivemos, recentemente, uma mulher na presidência do país, um fato histórico inédito no país, e ainda há várias outras mulheres ocupando cargos e funções importantes no cenário político nacional.

Entretanto, mesmo diante das vitórias e conquistas já atingidas, ainda há uma longuíssima estrada a ser percorrida.

Como fator negativo se observa, por exemplo, a dupla (ou múltipla?)[51] jornada de trabalho feminino, que ainda assombra e imobiliza um imenso número de mulheres em nosso país. Outros complicadores se tornam evidentes quanto à situação de trabalho/salário para as mulheres pobres, negras e que vivem nas periferias dos grandes centros urbanos. E, de forma similar, tais fatores negativos também ocorrem e incidem sobre as mulheres que vivem no interior do país.

Muita coisa há ainda para ser feita, corrigida, alterada.

a) Entre o sagrado e o profano

Evitaremos enveredar pelo pantanoso discurso meramente "sexista[52]", afundando os nossos pensamentos no charco dos debates infrutíferos sobre "coisas de homens" e "coisas de mulheres", ou outros assuntos motivados por questiúnculas que não conduzem a lugar algum e em nada contribuem.

---

51. Trabalho fora de casa, trabalho no lar, a educação e a saúde dos filhos e outras tantas responsabilidades e atribuições são, ainda, um grande peso para uma parcela majoritária da população feminina.

52. Entendido aqui como qualquer forma de discriminação baseada em sexo ou gênero.

A principal intenção é a de promover a reflexão e assinalar algumas imagens e alguns discursos milenares que são de certa forma fundadores/estruturantes (ou que servem de "base" ou "alicerce").

Discursos fundadores são relacionados à geração de hábitos, de costumes, de conceitos (e preconceitos), de normas de conduta, enfim, porque são estruturantes de pensamentos e de práticas culturais.

O conhecimento também permite reconhecer os preconceitos ainda existentes, além de favorecer combatê-los de alguma forma ou, ao menos, colaborar para minimizá-los[53].

As narrativas bíblicas estão repletas de símbolos, de signos, de sinais que, juntos ou separados, são reveladores e, ao mesmo tempo, construtores de padrões, de conceitos de hábitos, de costumes, etc. Discursos fundadores diante dos quais até mesmo o silêncio é revelador.

Por exemplo, em nossa cultura ocidental, com suas profundas raízes judaico-cristãs, algumas características vindas das Sagradas Escrituras:

a) Deus é representado como homem;
b) Adão foi o primeiro homem;
c) as linhagens bíblicas são masculinas;
d) os patriarcas e líderes principais são homens;
e) os apóstolos eram homens;
f) os evangelistas eram homens;
g) et al.

No Livro Sagrado é fácil constatar que, quando as mulheres são citadas, ou são mencionadas, elas estão associadas/ligadas, direta ou indiretamente, a algum personagem mascu-

53. Nos círculos espiritistas, por exemplo, quantas mulheres já assumiram a presidência da Federação Espírita Brasileira – FEB?

lino. Nas Sagradas Escrituras, de modo geral, as mulheres são descritas como: filha de.; irmã de.; mãe de.; esposa de.

Parece-nos que naquela narrativa as mulheres estavam, de modo geral, como que "à sombra", ou "na periferia", ou na "órbita", de algum homem.

Poucas são as mulheres mencionadas, nas Sagradas Escrituras, que ocupam lugar de destaque, como protagonistas nas narrativas.

Vale aqui relembrar que a sociedade judaica era (?), tradicionalmente, androcêntrica (a figura masculina no centro dos interesses), machista e altamente excludente. Obviamente, em culturas com tais características as mulheres dificilmente sobressaem.

É interessante observar que entre alguns dos estudiosos de renome (especialmente do Velho Testamento), quando se referem aos livros/histórias/narrativas que receberam nomes de mulheres – como, por exemplo, Ester, Rute, etc. –, estes textos são apresentados como livros *supostamente escritos por mulheres.* (porque não se tem a certeza da autoria.)[54].

b) Eva: uma simbologia feminina

Existe na tradição cultural milenar ocidental a imagem de Eva[55].

De acordo com aquelas tradições, ela foi criada a partir de "uma costela" de Adão (que teria sido o primeiro homem.)[56].

54. De modo geral, as meninas não recebiam instruções formais. Para elas bastava a educação doméstica.

55. Livro bíblico "Gênesis" (Cap. 1 a 3); que segundo vários estudiosos, as traduções dos originais escritos em língua hebraica sofreram interpolações (adulterações). No texto hebraico não existe Eva.

56. Na cultura judaica Adão também é um símbolo que representa a humanidade (homem-mulher).

Seguindo tal tradição, Eva não foi feita do barro, como foi Adão, sua criação foi "diferente". Ou seja, ela, a primeira mulher, foi criada, pela ação e vontade de um homem, "Deus" - uma imagem masculina -, e a partir da "doação" - involuntária, porque Adão "dormia"-, de outro homem (Adão).

Este exemplo é bastante significativo para outra sociedade androcêntrica, machista e altamente excludente: Roma - na qual o cristianismo foi inaugurado (porque Jesus não fundou igreja alguma em sua terra natal), alguns séculos depois da crucificação (entre os séculos IV e V d.C.).

Sempre é bom recordar que, por cerca de mil anos (do século V d.C. ao século XV d.C.), a Igreja Católica Apostólica Romana dominou e dirigiu a cultura ocidental.

E como se não bastasse a posição secundária e subalterna de Eva, o texto que temos acesso a descreve e a apresenta como aquela que foi gerada para ser "companheira" e "ajudante" (coadjuvante) do primeiro homem.

Bastante significativas, repetimos, estas imagens descritas e escritas no masculino e por mãos masculinas (até onde nos é permitido saber na história dos textos sagrados, os monges copistas eram homens).

Somente na descrição do fenômeno da criação de Eva já nos é possível vislumbrar uma série de símbolos, de mitos, de sinais, que permitem uma gama enorme de interpretações.

Tudo indica que Eva foi o primeiro grande modelo fundador feminino construído no ocidente, tendo como pano de fundo o Livro Sagrado. Ela foi construída como "padrão", como "exemplo", como "modelo", etc. que devia ser descrito e propagado.

Contudo, o modelo mais divulgado e difundido de Eva foi, sem sombra de dúvidas, o do *pecado original*.

Assim, uma mulher que foi criada (inventada) pelas mentes masculinas de uma igreja nascente (Católica Apostólica

Romana), no contexto histórico-cultural de uma sociedade machista, excludente e androcêntrica (Roma), assumiu sozinha a culpa pelo pecado original (porque Adão teria sido uma vítima).

Um plano genial para colocar as mulheres cristãs, dali por diante, nos seus "devidos lugares". A tentação e a perda do paraíso recaíram sobre os ombros de uma mulher.

O "pecado original", que tem a intenção primeira de explicar a "queda da criatura humana", por sua debilidade e imperfeição (que seriam as fontes originais do sofrimento humano e, por extensão, da própria existência do mal), vai além de seus simbolismos e desdobramentos interpretativos.

Cabe aqui indagar: o que era, o que representava, aquele tal "fruto do conhecimento, do saber"?

Muita gente ainda o associa, direta ou indiretamente, às questões relacionadas, apenas, à sexualidade humana (que foi interpretada, por séculos e séculos, como algo: "errado", "sujo", "impuro", etc.).

Sexualidade em forma de pecado e despertada por uma mulher.

c) Os lugares das mulheres

Os estudos sérios a respeito da história das mulheres no mundo e no Brasil estão em fase de produção.

Há atualmente, em diferentes partes do planeta e do nosso país, várias pessoas e diversas instituições que se dedicam seriamente às pesquisas e aos estudos a respeito da presença e da participação efetiva das mulheres na História da Humanidade.

Na História Geral, na Europa e nas Américas, de modo claro, se pode observar que o "papel" ou o "lugar" das mulheres nas sociedades eram bem demarcados e claramente definidos (e ainda existem traços bem evidentes disto nos dias atuais)[57].

Com raras exceções podem ser encontradas, desde a Antiguidade, algumas sociedades matriarcais e/ou matrilineares.

De modo amplo, o que fica evidenciado no percurso histórico, são as sociedades patriarcais e patrilineares, nas quais as mulheres tinham suas funções bem definidas, culturalmente construídas, demarcadas e amplamente aceitas.

Naquelas sociedades (ou grupos sociais) antigas dominadas e comandadas por homens, também eram androcêntricas as suas produções culturais. E, por isso mesmo, as suas artes, as suas leis, as suas regras sociais e as suas técnicas, refletiam tais ideais, tais características e tais parâmetros.

Na antiguidade as normas-regras-leis que regiam as sociedades eram seguidas por uma boa parcela das pessoas, embora saibamos, também, que não existiam sociedades que representassem um "bloco fechado", monolítico e impermeável, culturalmente falando, porque sempre existiram, em todas as épocas e lugares, grupos de "resistência" às normas estabelecidas, certamente.

Há, por exemplo, inúmeras histórias e narrativas do Brasil, desde o seu período colonial, que confirmam e comprovam o papel subalterno e submisso atribuído às mulheres.

O tratamento pessoal e familiar, por exemplo, de "senhor meu marido" e "senhor meu pai", são lembranças não tão distantes dos nossos tempos atuais.

Práticas e costumes que faziam parte (será que foram extintos?) do caldo cultural do "pátrio poder", da "cultura machista e androcêntrica", nas quais foram criados os nossos avós, bisavós, trisavós, tetravós, etc.

Nas residências coloniais rurais (e até mesmo em algumas casas nas regiões urbanas), por exemplo, era muito comum

57. E a história das mulheres nos países do Oriente Médio e no Oriente é muito diferente, reconhecemos.

que os cômodos escondidos, mais recuados, fossem os "lugares permitidos" para as mulheres (e também das crianças).

Geralmente, as mulheres frequentavam e permaneciam nos lugares mais escondidos das casas. Lugares que eram destinados, também, aos escravos, como por exemplo: os quartos de dormir, a cozinha, a área de serviço, etc.

Opostamente, as salas de visitas, as varandas, as salas das refeições, eram espaços masculinos e nos quais mulheres, crianças e escravos podiam frequentar somente sob a autorização do senhor/dono/chefe da casa.

O espaço público (a rua) era local interditado às "mulheres de família", sair de casa somente em companhia de mulheres parentes ou tutoras mais velhas e/ou acompanhada pelos homens da própria família, principalmente, o pai e os irmãos (e os tios, os primos e/ou avôs, no caso da ausência daqueles primeiros citados).

As meninas brasileiras (poucas), não por acaso, só tiveram acesso ao ensino escolar oficial, após 1827, por meio de uma Lei assinada por Dom Pedro I. Mesmo assim, as raras escolas para meninas só foram previstas legalmente para as vilas e lugarejos mais populosos. Existiam, certamente, algumas escolas femininas mantidas pela Igreja Católica, que eram escolas dirigidas e mantidas pelas "irmãs de caridade" e formavam "para o lar".[58]

Mesmo nos dias atuais, em pleno século XXI, como reflexo do evidente entrave histórico na educação escolar das meninas, há ainda cursos universitários majoritariamente frequentados por mulheres (como, por exemplo: enfermagem, pedagogia, serviço social, etc.)[59].

---

58. As meninas tinham poucas opções de estudos/instruções no Brasil colonial e imperial.

59. Cursos que remetem às funções domésticas: cuidar dos doentes da família; educação das crianças; ações sociais como: visitas aos pobres, visitas aos hospitais, visitas aos orfanatos, práticas da caridade, etc.

No caso brasileiro existe ainda uma lacuna gigantesca neste campo das pesquisas da História, embora desde o século XIX surgissem, aqui ou ali no cenário nacional, alguns nomes importantes que se ligaram ao movimento de construção da história das mulheres no Brasil[60].

Foi somente na segunda metade do século XX, que se pôde observar uma preocupação mais focada no tema, com os estudos desenvolvidos em centros acadêmicos, em universidades, em organizações governamentais e não governamentais e outras instituições similares, envolvendo diferentes campos do saber e pesquisadores, cientistas, artistas, etc.

60. Como, por exemplo, Bertha Lutz, Nísia Floresta e outras tantas.

V – O QUE TEMOS A RESPEITO DE MARIA MADALENA?

QUANTITATIVAMENTE SÃO POUCAS AS referências específicas à Miriam de Migdal (ou Maria de Magdala ou ainda Maria Madalena), nos Evangelhos.

Contudo, se levarmos em consideração o todo, o conjunto das referências, ou seja, comparando as citações a respeito de Madalena com outras citações relevantes, é possível perceber um dado interessante.

As referências a Miriam de Migdal são feitas pelos quatro evangelistas. Fato revelador.

Diante disto podemos perceber que as referências à Madalena, em termos comparativos, percentuais e proporcionalmente, quando comparados às outras personagens (masculinas e/ou femininas), são bastante significativas.

Explicando melhor, se compararmos, por exemplo, as vezes que Maria, a mãe de Jesus é citada, ou mesmo as vezes que algum dos apóstolos é mencionado no decorrer das quatro narrativas (Mt, Mc, Lc e Jo), podemos verificar que Madalena foi bastante citada.

E isto só pode ter um significado: *ela ocupou um lugar especial, uma posição de destaque, entre as pessoas mais próximas de Jesus.*

Há referências/anotações relativas a certos personagens, a determinadas situações e a casos específicos (por exemplo, algumas parábolas), que só ocorrem em um ou, no máximo, em dois dos Evangelhos.

Então o fato de Maria Madalena ser citada pelos quatro evangelistas, faz desta uma personagem especial, principalmente, por se tratar de uma mulher, naquele contexto, ou seja, naquele lugar, naquela época e naquele período histórico-cultural.

Vejamos o que afirmam os evangelistas Mateus, Marcos, Lucas e João, respectivamente (e aqui evitaremos as repetições textuais, quando a referência estiver descrita), como descrevem e como tecem as suas narrativas, sobre a nossa personagem central:

1) No Evangelho de Lucas:

a – Dela foram expulsos sete demônios. (Lucas 8:2).

b – Ela era uma das mulheres que serviam a Jesus e seus discípulos. (Lucas 8:1-3).

c – Ela anunciou a boa notícia aos discípulos (Lucas 24:9-10).

2) No Evangelho de Mateus

a – Ela acompanhou Jesus desde a Galileia (Mateus 27:55-56).

b – Ela seguiu Jesus quando o mesmo foi conduzido para a crucificação (Mateus 27:55-56 e também em Marcos 15:40-41).

c – Ela foi a primeira pessoa a ver Jesus depois da sua morte, no fenômeno que posteriormente foi denominado de ressurreição (Mateus 28:8-10; e também em João 20:13-18).

d – Ela foi uma das primeiras a receber a notícia da ressurreição, quando um Anjo falou com as mulheres perto do túmulo aberto (Mateus 28:5-6).

3) No Evangelho de Marcos

a – *Ela foi uma das testemunhas do sepultamento do corpo de Jesus* (Marcos 15:45-47).

b – *No terceiro dia após o sepultamento, como ordenava a Lei judaica, ela (e, talvez, outras mulheres) se dirigiu ao túmulo para cuidar do corpo de Jesus* (Marcos 16:1-2; e também em Mateus 28:1).

4) No Evangelho de João

a – *Permaneceu junto a cruz junto com as outras mulheres* (João 19:25).

b – *Quando ela encontrou o sepulcro aberto, correu para avisar Pedro e João* (João 20:1-2).

5.1 – O que os Evangelhos não dizem?

Deste modo e diante dos trechos destacados anteriormente (e que qualquer pessoa pode verificar nos Evangelhos), podemos observar claramente, que **em nenhum momento os evangelistas afirmaram** que Maria Madalena era:

1) *a "mulher pecadora", que é citada em Lucas* (7:36-50)*;*
2) *a irmã de Marta e Lázaro;*
3) *a mulher que ungiu a cabeça e os pés de Jesus;*
4) *a "adúltera";*
5) *uma "mulher de má vida" (ou "prostituta").*

Outra curiosidade que encontramos nos Evangelhos é que após a denominada ressurreição de Jesus, os evangelhos não citam mais o nome de Madalena. Os evangelistas simplesmente silenciam (ou foram silenciados?), fato que também é curioso e interessante porque no silêncio também está contida uma mensagem.

Podemos indagar: se Miriam de Migdal foi nominalmente

citada pelos quatro evangelistas, por que ela desapareceu dos demais textos que compõem o Novo Testamento? Por que o apóstolo Paulo[61] não a menciona? Por que ela não foi citada nos Atos dos Apóstolos?

Não há referências a ela nas Epístolas de Paulo, nos Atos dos Apóstolos ou no Apocalipse. E este silêncio também é revelador.

Então, como, onde e quando surgiu a ideia de que Madalena foi uma pecadora?

5.2 – Miriam de Migdal: citações nos Evangelhos

Onde podemos localizar as referências específicas?

a) *Jesus expulsou dela sete demônios:* Mc 16:9 e Lc 8:2;
b) *Ela entre as mulheres que seguiam e/ou serviam a Jesus (e ao seu grupo):* Lc 8:2-3 e Mc 16:9.
c) *Testemunha ocular:*
c.1) *na crucificação:* Mt 27:56; Mc 15:40; Jo 19:25.
c.2) *no sepultamento de Jesus:* Mt 27:61; Mc 15:40; Jo 19:25.
c.3) *no sepulcro:* Mt 28:1-10; Mc 16:1; Lc 24:10.
c.4) *na ressurreição:* Lc 24:10 e seg.; Mc 16:9; Jo 20:1 - 20:11 - 20:18.

61. No romance mediúnico *"Paulo e Estêvão"*, pela psicografia de Chico Xavier, o espírito Emmanuel afirma que Paulo conheceu Madalena em Dalmanuta.

VI – QUANDO O PAPA FALHOU

AQUI É NECESSÁRIO RECUARMOS aos tempos iniciais da formação da Igreja Católica Apostólica Romana, por volta do século IV d.C.

No transcorrer dos primeiros séculos após a crucificação grandes debates surgiram entre as lideranças estabelecidas - tais reuniões originaram os *Concílios*[62].

Em um cenário histórico bastante agitado e conturbado, especialmente em Roma, após as invasões dos povos ditos "bárbaros" (para os romanos todo o restante do mundo era "bárbaro".), nasceu o cristianismo romano.

As discussões giravam, de modo geral, em torno de questões que fundamentariam a doutrina nascente. E os resultados de tais debates definiam os aspectos mais importantes para estruturação do pensamento, do entendimento e, consequentemente, das ações posteriores, de uma igreja (do grego *eklesia* = reunião) que estava surgindo e se organizando.

---

62. Reunião de líderes eclesiásticos, geralmente bispos, que é presidida ou sancionada pelo papa, para deliberar sobre questões de fé, costumes, doutrina ou disciplina eclesiástica.

Um dos grandes debates ocorreu quando se discutiu entre os principais líderes da Igreja Ocidental em formação, a característica fundamental de Maria, a mãe de Jesus. Teria ela sido uma mulher como as outras ou não?

E quando Jesus passou a ser considerado a "encarnação de Deus na Terra", o debate ficou ainda mais complicado.

A principal questão que envolvia a mãe de Jesus era: Maria era a *mãe de Jesus*" ou a *mãe de Deus*"?

Vários grupos entraram em debates acalorados e disputaram a primazia da opinião.

E na oração católica "Ave Maria" ficamos sabendo qual foi o grupo que venceu o debate: "Santa Maria, *mãe de Deus*. Rogai por nós, pecadores".

O *dogma* que declarou que Maria era a mãe de Deus foi proclamado pelo Concílio de Éfeso, no ano 431. E dali em diante Maria recebeu o título de *Theotokos*" (do grego: mãe de Deus).

É óbvio que, para uma mortal se tornar a "mãe de Deus" houve que se reestruturar os discursos e que se adaptarem as causas e as consequências teóricas e práticas. Vários ajustes foram feitos, como por exemplo, a da *virgindade perpétua*" de Maria, a mãe de Deus[63].

Outro aspecto relevante na organização daquela instituição religiosa nascente e em construção (embora Jesus não tenha criado nenhuma instituição.), era a posição dos homens, naquele respectivo contexto histórico-cultural.

Ao mesmo tempo, evidenciam-se também as diversas influências culturais dos hebreus (onde nasceu o cristianismo primitivo), e que foram assimilados, mesclados, fundidos, adaptados, aos padrões culturais ocidentais.

Entre os romanos, por exemplo, se confirmou e reafirmou (e tais conceitos são mais romanos do que gregos) a imagem/

63. Sobre este assunto veja o livro *O homem de Nazaré*, pela editora CELD, de minha autoria.

figura do *pai-líder"* (o *pater familiae*). Ideia simbólica e muito significativa que foi privilegiada (pater>pai>padre.) na igreja ocidental que surgia.

Nos discursos e nas práticas da organização religiosa nascente as mulheres foram, de modo geral, mantidas próximas, contudo em papéis, funções e lugares secundários, com raras exceções.

Podemos, por exemplo, constatar nas cartas de Paulo um discurso duplo e até contraditório: ora ele manda que as mulheres fossem "submissas aos seus maridos", ora ele agradece a presença e a colaboração das mulheres como grandes divulgadoras do evangelho (Paulo cita nominalmente algumas mulheres líderes).

Não é segredo que houve uma divisão entre os líderes ocidentais e os líderes orientais na igreja que se organizava, tal divisão culminou com o surgimento de duas igrejas distintas: A Igreja Católica do Ocidente (com sede em Roma) e a Igreja Católica do Oriente (com sede na antiga Constantinopla).

Em relação à nossa personagem central, Maria Madalena, um problema, porém, se tornou evidente: para a Igreja do Oriente, ela era uma personagem de grande relevância. Madalena era considerada a discípula fiel e um exemplo a ser seguido.

De acordo com vários pesquisadores contemporâneos[64] Maria Madalena representava, sim, uma liderança ativa e respeitada, principalmente entre os cristãos do Oriente Médio, desde a antiga Israel e circunvizinhanças.

Até nos dias atuais a Igreja Ortodoxa Grega tem outra concepção de Miriam de Migdal, que é bem diferente da Igreja Romana.

O cristianismo, ao ser transplantado para Roma (movi-

64. Vários deles citados nas referências ao final deste livro.

mento que foi iniciado, principalmente, com Paulo e Pedro), ao invés de cristianizar Roma, foi "romanizado". A Igreja de Roma, com o passar dos séculos, se afastou do fundamental contato com a essência da "Casa do Caminho", e tal fenômeno é muito evidente por si só.

Para além dos interesses e dos poderes locais, produzidos e mantidos por homens, na hierarquização da administração da nova instituição crescia, geralmente, unida aos poderes temporais, ou seja, do mundo.

E na estrutura que se consolidava – em poder e glória, e que além de seu caráter religioso-sacerdotal, também assumiu contornos políticos e econômicos –, ano após ano, não havia espaços para as mulheres nas posições de privilégio e de comando.

Foi no atribulado contexto histórico-cultural do século VI, que o papa Gregório I (dito "O Grande"), em seu discurso[65] oficial nas comemorações da Páscoa do ano 591, ***identificou e uniu as mulheres pecadoras ao nome de Maria Madalena, transformando-a oficialmente em pecadora (e, por extensão, prostituta).***

Em seu discurso oficial, Gregório I juntou as três mulheres anônimas consideradas pecadoras em uma só pessoa: Maria Madalena.

E como não havia espaços nas sociedades medievais ocidentais para lideranças femininas (relembremos o exemplo de Joana D'Arc), Madalena foi o "bode expiatório". Este foi o golpe fatal na imagem e na memória de Maria Madalena, na cultura ocidental, quer tenha sido intencional ou não.

Infelizmente, tal fato só foi "alterado" por meio de um documento papal de circulação interna e pouco divulgado, em 1969, durante o Concílio Vaticano Segundo, sem nenhum pedido oficial de desculpas ou de reconhecimento do "equívoco papal" cometido por Gregório I.

---

65. Homilia, nº 33.

Vamos listar a seguir algumas das peças deste grande quebra-cabeças que conduziu Maria Madalena à condição de "pecadora arrependida" (e "prostituta"):

a) *O início do discurso de endeusamento de Maria, a mãe de Jesus – a sua santificação máxima como "mãe de Deus.*
b) *O contexto histórico e cultural medieval profundamente patriarcal, machista e excludente.*
c) *Os interesses convergentes das classes dirigentes, todas compostas por homens, especialmente nos setores políticos, religiosos e econômicos.*
d) *A necessidade de enfraquecer ou minimizar toda e qualquer figura feminina que pudesse representar uma ameaça aos poderes masculinos tradicionalmente estabelecidos (o status quo).*
e) *A necessidade de criação de um modelo "negativo" (da pecadora) para fazer o contraponto com o modelo "positivo" (da santa).*
f) *O processo de afastamento dos ideais primordiais da Casa do Caminho e a crescente "romanização do cristianismo" (rebaixando-o para o mundo ao invés de elevar o mundo aos céus).*
g) *A necessidade da criação de uma imagem de mulher-propaganda que, após uma queda espetacular, arrependendo-se, pudesse ser perdoada e, então, trilhar o caminho da santificação (mas, a sombra do "pecado" estaria para sempre presente em sua alma).*
h) *A necessidade de construir um discurso fundador que mantivesse as mulheres ocidentais sob o controle e sob a ameaça constante das punições (desde os castigos físicos, passando pelas excomunhões e chegando às penas capitais).*
i) *A crescente intensidade (especialmente do poder masculino nas instituições) do controle e das punições que desembocaram, por exemplo, nas históricas perseguições dos "tribunais inquisitoriais", algum tempo depois (nos quais milhares de mulheres foram condenadas à morte).*

Mas, nos dias atuais um batalhão de historiadores[66] está em trabalho para tentar corrigir tão grave equívoco, produzido há mais de mil anos.

Curiosamente, mas não por acaso, entre os grandes estudiosos do assunto na atualidade destaca-se o nome de Jean-Yves Leloup, detentor de três títulos de doutorado, e que é considerado uma das maiores autoridades mundiais nos estudos contemporâneos sobre Maria Madalena[67].

Para o espanto de muitos (inclusive do autor deste livro), o pesquisador Leloup é um *padre dominicano* (talvez, a principal ordem masculina católica que outrora fora designada para presidir os tribunais da inquisição)[68].

Outro dado bastante interessante é que o padre, e três vezes doutor, Leloup faz parte do grupo de historiadores contemporâneos que defendem Maria Madalena, inclusive contra *a falsa acusação de "prostituta", reconhecendo assim o "equívoco" da sua Igreja.*

Um padre-filósofo dominicano, autorizado a defender publicamente Maria de Magdala, apresentando-a como a discípula mais importante do colegiado de Jesus, entre outras qualidades?

O que significa dizer que a Igreja reconhece, por meio de Leloup, a autoridade de Maria Madalena (e como diziam os antigos: "antes tarde do que nunca").

Obviamente, corrigir este engano será uma tarefa para séculos de trabalho árduo, porque o campo das mentalidades é o mais complexo e o mais resistente às transições e mudanças históricas e culturais.

Felizmente, a roda das mudanças já está se movendo.

---

66. Nas referências bibliográficas constam os nomes dos pesquisadores que foram consultados e/ou citados na elaboração deste livro.

67. É inclusive um dos tradutores do *Evangelho de Maria Madalena*.

68. Mais uma curiosidade, a santa padroeira da Ordem Dominicana é: Maria Madalena.

VII – Os sete demônios de Miriam

A ÚNICA INFORMAÇÃO QUE possuímos sobre os pecados de Miriam de Migdal é a que afirma que *dela foram expulsos sete demônios*". Nada mais.

Sabemos que o autor da "expulsão-cura" foi Jesus, como informa o Evangelho, mas não se sabe sob quais circunstâncias, nem onde ou como ocorreu.

Mas podemos refletir sobre o assunto.

Sete demônios

Algumas proposições elementares a respeito do número "sete" são necessárias aqui.

Então a única informação que temos a respeito de Miriam nos Evangelhos em relação a sua saúde é a que afirma que ela foi libertada, por Jesus, de sete demônios[69].

Atualmente estudiosos de diferentes áreas do conhecimento reconhecem que *número sete* é abundante em toda a Bíblia - composta pelo Velho Testamento e pelo Novo Testamento.

---

69. Como se sabe a palavra "daimon", tinha o significado de "espírito".

Obviamente, tal fato não ocorreu por mero acaso.

Os hebreus, como a grande maioria dos povos da antiguidade (como exemplo: gregos, romanos, egípcios, etc.), eram extremamente supersticiosos.

Certamente, na falta de explicações mais claras e precisas sobre os diversos fenômenos da natureza, a explicação "mística" era a mais provável.

E para superarem os obstáculos da vida era comum a utilização de variados símbolos, sinais e/ou fórmulas, todos considerados mágicos e dotados de poderes místicos (amuletos), era muito comum e natural que assim o fosse.

Entre os gregos, por exemplo, vários foram os matemáticos que atribuíam poderes mágicos aos números, provavelmente, o mais famoso entre eles foi Pitágoras, a quem se atribui a criação de vários métodos e fórmulas para descrever e acessar os "códigos secretos" dos números.

As superstições e as crendices são também manifestações culturais e precisam ser encaradas e estudadas seriamente, quer por antropólogos quer por historiadores das religiões, com vários desdobramentos possíveis na Psicanálise, na História, na Sociologia, na Filosofia, etc.

O povo hebreu (ou judeu), no qual Jesus nasceu e viveu, por longos séculos foi escravizado, primeiro pelos babilônios e posteriormente pelos egípcios (depois, já na época de Jesus, foram dominados pelos romanos).

Assim, os hebreus, obviamente, não ficaram isentos das fortes influências culturais daqueles outros povos que tiveram contato direto.

Comparem-se, por exemplo, a narrativa do "dilúvio" contido na epopeia de Gilgamesh, o antigo herói e semideus, da Mesopotâmia, lenda que data de alguns milênios antes do povo hebreu, com a narrativa do dilúvio de Noé.

E do mesmo modo comparem-se as narrativas da "*confis-*

são negativa" feita pelo morto egípcio diante do tribunal no mundo dos mortos (contida no *Livro dos Mortos* do Antigo Egito), com a escrita dos dez mandamentos de Moisés.

O livro que orientou a cultura hebraica durante milênios, durante todos os seus diferentes momentos de elaboração e de divulgação (desde as suas formas orais até os registros escritos), culminou com o conjunto de textos que hoje conhecemos como "Bíblia" (outra palavra grega para "coleção de livros").

E, de acordo com a narrativa bíblica da criação do mundo, no livro da Gênese, *Deus criou o mundo em seis dias e no sétimo descansou.*

E esta informação inicial é bastante significativa porque na cultura mística hebraica, na *Cabalah* (que é um outro conjunto de textos místicos e interpretativos), o número sete representa, entre outras possibilidades, a ideia de "plenitude", de "completude", de "totalidade", etc.

Por este mesmo motivo o texto sagrado descreve que, após "completar" a sua criação no sexto dia, Deus "descansou" no sétimo dia - o mundo estava "plenamente", "completamente", "totalmente" criado/construído/produzido.

Interessante observar ainda que o número "sete" (7) aparece em sua forma simples, mas também os seus múltiplos (14, 21, 28.), em toda a extensão da Bíblia.

No Novo Testamento, podemos ler: *as sete igrejas; os sete espíritos; os sete castiças de ouro; as sete estrelas; as sete lâmpadas; as sete trombetas; as sete taças; os sete olhos; os sete anos; os sete trovões; os sete mil; as sete coroas; as sete* últimas *pragas; os sete montes; os sete reis;* perdoar *setenta vezes sete.*

É muito provável e bastante possível que, na época de Jesus, naquele contexto cultural, a expressão "*sete demônios*" significasse "completamente endemoninhada".

Em outras palavras, uma pessoa com sete demônios estava "totalmente desequilibrada", "plena ou cheia de loucura" (utilizando aqui a linguagem espírita-cristã, a pessoa era vitimada por violenta obsessão espiritual, se um espírito obsessor pode fazer um "estrago", imaginem sete).

Como entendemos, nos dias de hoje, por exemplo, a expressão "fulano/fulana ficou completamente louco" com isto ou aquilo? Ou ainda "ele/ela está totalmente enfurecido"? Ou "cheio de ira"?

Entretanto, por motivos desconhecidos por nós na atualidade, as interpretações das traduções feitas, em diferentes épocas e lugares diversos, conduziram Maria Madalena da condição de "*portadora de sete demônios*" à condição de "pecadora sexual".

Devemos nos perguntar: se a referência fosse feita a um "homem pecador" ele seria identificado com a questão sexual? E caso fosse um homem com "sete demônios", ele também seria considerado um "prostituto" (ou coisa semelhante)?

Entretanto, com a "mulher pecadora" a interpretação é bem outra – diante da expressão "sete demônios" que foi transformada/associada/confundida com a expressão "pecadora", imediatamente pairou sobre ela a questão do desvio, do desregramento, da falta, do "pecado sexual" (nos faz relembrar a imagem de Eva).

Pois o maior e mais grave pecado de uma mulher era o sexual.

Quem produziu tal interpretação no decorrer da construção dos registros históricos? Quem escreveu a história? Quais interesses estavam contidos e relacionados com este tipo de interpretação? Em favor de quem? Contra quem?

A história foi escrita, principalmente, por homens. Seria por mero acaso que a história dos heróis foi escrita priorizando o gênero masculino?

Ainda que se possa questionar tal fenômeno, vale relembrar que a cultura judaica, de modo geral, foi elaborada sobre padrões patriarcais, androcêntricos e altamente excludentes. Características essas que foram mais ou menos culturalmente absorvidas e/ou adaptadas pela cultura ocidental judaico-cristã.

Vale também relembrar aqui, por exemplo, o papel e o poder do "pater familiae" romano, bem como a criação das leis que protegiam e perpetuavam tais direitos que era "proprietário de sua família".

Em relação à ideia de propriedade entre os hebreus, vejamos o que afirma o mandamento: *Não cobiçarás a casa do teu próximo, não cobiçarás a mulher do teu próximo, nem o escravo, nem a sua escrava, nem o seu boi, nem coisa alguma do teu próximo.*" (Êxodo 20:1-17).

Observemos que, no texto, a mulher (esposa) se encontra na mesma posição/condição da casa, do escravo, da escrava, do boi e outras "coisas".

Obviamente, durante os primeiros séculos na história da antiguidade ocidental, nas mais diversas regiões e culturas, a condição feminina era bem diversa da condição atual (que mesmo no século XXI ainda apresenta uma série de obstáculos e sofre por preconceitos); sem falarmos aqui dos casos extremos de violência ocorridos ainda nos dias de hoje no Oriente Médio e no Oriente contra as mulheres.

A construção e a divulgação de "modelos femininos", positivos e/ou negativos - dependendo da ótica e dos interesses dos grupos dominantes e do tempo no qual estavam sendo produzidos -, foram múltiplos e multifacetados.

No ambiente histórico e cultural do cristianismo romano (com heranças do judaísmo e da cultura clássica greco-romana), podemos dizer que houve a construção de basicamente dois modelos principais e antagônicos: de um lado o da "santa" (adaptada àquela nova ordem) e, do lado oposto, o da "pecadora" (não-adaptada à nova ordem).

E as características, os atributos e os padrões de cada uma delas foram, respectivamente, instituídos, estabelecidos, configurados e propagandeados.

E muitos daqueles códigos, símbolos e sinais foram socialmente construídos e amplamente compartilhados (e ainda o são nos dias de hoje) em diferentes culturas.

Podemos citar ainda, como exemplo, os diferentes discursos e as múltiplas imagens que foram produzidas, durante os muitos séculos (cerca de mil anos), durante a Idade Média ocidental, no ambiente cultural cristão católico, para duas mulheres específicas: Maria, a mãe de Jesus (a santa e pura), mãe do Salvador da humanidade, e Maria Madalena (a pecadora e impura), da qual foram expulsos sete demônios.

Algumas curiosidades a respeito do número sete

Mesmo nos dias atuais o número sete pode ser encontrado em várias e diferentes condições.

Vejamos alguns exemplos da cultura ocidental (alguns dos quais com raízes culturais orientais), vindos de longa data e que chegaram até os nossos dias:

As sete maravilhas do mundo antigo – as Pirâmides de Gizé, os jardins suspensos da Babilônia, o Farol de Alexandria, o Colosso de Rodes, o Mausoléu de Halicarnasso, a Estátua de Zeus em Olímpia e o Templo de Ártemis em Éfeso.

Na Filosofia, os sete sábios da Grécia antiga: Thales de Mileto, Bias, Cleopulo, Mison, Quilon, Pitaco e Sólon.

As sete virtudes humanas (Filosofia): a esperança, a fortaleza, a prudência, o amor, a justiça, a temperança e a fé.

As sete cabeças da Hidra de Lerna.

Os sete mares do mundo antigo: Mediterrâneo, Adriático, Negro, Vermelho, Arábico, Pérsico e Cáspio.

As sete colinas de Roma: Campidoglio, Quirinale, Viminale, Esquilino, Celio, Aventino e Palatino.

As sete igrejas do mundo antigo: Tiatira, Éfeso, Esmirna, Laodiceia, Filadelfia, Pérgamo e Sardes.

Os sete pecados capitais: vaidade, avareza, ira, preguiça, luxúria, inveja e gula.

As sete virtudes divinas: castidade, generosidade, temperança, diligência, paciência, caridade e humildade.

Os sete sacramentos: batismo, confirmação, eucaristia, sacerdócio, penitência, extrema-unção e matrimônio.

As sete notas da escala diatônica.

As sete cores do arco-íris.

As sete Artes Liberais Clássicas (greco-romanas): lógica, gramática e retórica (Trivium) e aritmética, música, geometria e astronomia (Quadrivium).

Os sete Chakras (de origem indiana).

Os sete dias da semana.

Branca de Neve e os sete anões.

O Manifesto das Sete Artes (1923): música, pintura, escultura, arquitetura, literatura, coreografia e cinema.

Na cultura popular brasileira temos ainda: fechado a sete chaves, embaixo de sete palmos de terra, pintar o sete, na mão dos jogadores são sete pedras de dominó, o sétimo céu, e nas crenças afro-brasileiras: caboclo sete flechas, sete encruzilhadas, sete almas benditas, etc.

E o número sete continua, misteriosamente, entre nós.

VIII – MARIA MADALENA ENTRE SÍMBOLOS E INTERPRETAÇÕES

QUAIS SÃO AS PRINCIPAIS características de um símbolo? A palavra *símbolo* tem origem grega (gr. *symballein*), e significava, entre outras coisas, "agregar/unir/juntar".

O que era e significava um símbolo no mundo antigo?

Resumidamente, o seu uso era baseado em costumes antigos – provavelmente nascidos na Grécia antiga ou em algum outro ponto do Mar Mediterrâneo.

De acordo com aquele costume se quebrava/partia um objeto – como, por exemplo, uma medalha, um selo, uma placa, etc. –, para significar algum tipo de acordo ou contrato, no qual cada uma das partes envolvidas seria detentora de um pedaço (*symbola*) do objeto.

Assim, posteriormente, quando eram unidas as partes elas formavam o todo original – como se juntam as partes de um quebra-cabeça.

Os proprietários (ou seus representantes) deviam guardar a sua respectiva parte do objeto, como respeito ao acordo realizado, pois o mesmo era também a sua identificação com o combinado/acordado.

Neste sentido é possível perceber que o símbolo representava muito mais do que a simples união de um objeto partido. Pois a falta de uma parte expressava, por exemplo, a "incompletude" ou o "não cumprimento" de um acordo, de um combinado.

A parte ausente era necessária para completar o todo – um exemplo bem conhecido é o do "mapa do tesouro" que, feito em pedaços, somente seria útil quando as partes se unissem e cada parte ficava com um dos futuros proprietários e usufrutuários da tal riqueza.

O que fica claro é que o símbolo sempre representa muito mais do que a mera união das suas partes. E neste sentido podemos compreender que os símbolos estão impregnados de sentidos/significados extras, porque as partes são unidas para formarem algo maior, que está além da simples aparência.

Todo e qualquer "*símbolo*" representa muito mais coisas do que a sua simples aparência. Os símbolos, consciente ou inconscientemente, carregam em si mais significados (e outras mensagens não explícitas) do que a sua mera aparência geral. Em outras palavras, um símbolo nunca é somente aquilo que se pode ver ou tocar. Há sempre mais coisas envolvidas, nas entrelinhas, nas interpretações, nos significados.

Muitas áreas do conhecimento se dedicam ao estudo dos símbolos, entre elas podemos citar: a Antropologia, a História das Religiões, a História da Arte e a Psicanálise.

E este modesto livro, por motivos óbvios, não é o espaço para o aprofundamento de tais áreas e seus complexos conceitos, primeiro porque nos faltaria espaço e depois porque tamanho cabedal de saberes foge da nossa competência pessoal.

Contudo, é importante ressaltar que a imagem de Maria Madalena (Miriam de Migdal), que foi criada e consolidada no decorrer de, aproximadamente, dois milênios foi transformada em símbolo, ora positivo, ora negativo –, dependendo dos grupos, das épocas, dos interesses, dos objetivos, etc.

Na História da Arte, por exemplo, as representações de Madalena, por meio das pinturas e das esculturas, são bastante significativas para os estudos dos símbolos e dos seus significados explícitos e ocultos.

Madalena foi artisticamente representada em diferentes épocas e em diferentes locais, desde o Oriente Médio ao Ocidente. E suas imagens variaram conforme as necessidades dos discursos, das práticas e os seus respectivos contextos culturais. Em outras palavras: por meio das artes existiram várias Marias Madalenas e cada uma delas atendendo a determinados objetivos e interesses.

A Idade Média parece ter sido muito fértil para tais produções artísticas (não só de Madalena, obviamente), talvez, porque diante do analfabetismo das massas as imagens – pinturas e esculturas –, fossem um meio bastante eficaz como método pedagógico-didático na transmissão de ideias e de conceitos (e, certamente, também de preconceitos).

Especialmente, diante da construção de um discurso que visava fundar, consolidar e fortalecer a nova Igreja que nascia e se organizava – desde as divergências iniciadas após a crucificação de Jesus – como, por exemplo, entre as tradições representadas por Tiago (o irmão de Jesus e primeiro líder da Casa do Caminho de Jerusalém), por Pedro, por Paulo (o ex-rabino Saulo) e por Maria Madalena – a primeira grande líder.

Madalena foi retratada, por diversos artistas, nas mais diferentes formas, posições e cores possíveis, em diferentes épocas, e atendendo as mais diversas situações contextuais-culturais.

Assim, na vastíssima produção artística ocidental podemos encontrar imagens de Madalena, nas quais ela está representada:

a) *Ricamente vestida e adornada com joias.*
b) *Nua ou seminua.*
c) *Colocada na sombra e/ou na luz.*
d) *Vestida com mantos e túnicas nas cores vermelha, dourada e/ ou verde.*
e) *Deitada, assentada, de pé ou flutuando nos céus.*
f) *Diante: de Jesus, de túmulos, de jardins, de anjos, de personagens outras.*
g) *Tem em suas mãos ou nas proximidades: uma cruz, um crânio, um livro, um vaso, uma ânfora, uma taça, flores (por exemplo, o lírio branco), um espelho.*
h) *Os cabelos longos e expostos ou cobertos por véus.*
i) *Cabelos ruivos, louros ou negros.*
j) *Com diferentes expressões faciais e poses.*

Muito provavelmente, repetimos, Miriam de Migdal seja a mulher mais retratada do Novo Testamento, somente perdendo quantitativamente para Maria, a mãe de Jesus.

Todas estas características, nos estudos sobre os símbolos e seus significados, possuem inúmeros sentidos e interpretações múltiplas, multifacetadas, polifônicas e interdependentes e que ainda podem ser complementares e intercambiáveis entre si.

Nos estudos dos símbolos - e seus significados mais profundos, como ocorre, por exemplo, na área da psicanálise[70] –, cada característica pintada e/ou esculpida possui interpretações e desdobramentos, como, por exemplo: o tamanho, a forma e a cor dos cabelos; se a cabeça estava coberta ou não; as cores, os tipos e as formas das suas vestes; os objetos que a acompanham; o cenário no qual estava representada; a postura da personagem; etc.

70. Jung escreveu sobre a importância dos símbolos – *O homem e seus símbolos.*

Obviamente, a simbologia de Madalena forma um amálgama - onde as partes resultarão sempre em símbolos muito complexos -, que nos faz navegar no oceano dos conceitos (e dos preconceitos), que oscilam, em forma pendular, desde as imagens da "pecadora arrependida que foi salva" até as da "apóstola dos apóstolos".

Neste profundo túnel do tempo, obscuro e longo, por meio de inscrições insistentes e discursos repetidos nas tradições históricas, a imagem de Maria Madalena foi arranhada e marcada.

Caminhamos na tentativa de colaborarmos no trabalho de desconstrução de alguns daqueles mal-entendidos históricos. Porque, até a presente data, não há qualquer outra informação a respeito de Miriam de Migdal além dos Evangelhos (canônicos e/ou apócrifos)[71].

71. Há um livro medieval denominado *A legenda áurea*, porém ele foi elaborado a partir de lendas e também no caso de Madalena, após as declarações do papa Gregório I.

IX – O LUGAR DA TORRE

DE ACORDO COM VÁRIOS dicionários bíblicos[72], o local, ou lugar, denominado "Magdala" (ou Migdal)[73], tem origem etimológica na antiga língua judaica (hebraico antigo), com o significado de *torre,* designando uma determinada região na qual havia sido construída uma torre.

Ao que tudo indica, aquela região era formada por uma pequena aldeia (vila ou comunidade), de pescadores e ficava situada nas proximidades do mar da Galileia. As informações arqueológicas e históricas nos permitem supor que aquela era uma região comercial próspera. E na qual também havia grande circulação de estrangeiros (não judeus).

E, obviamente, onde existe muita circulação de gente e de dinheiro há, também, a circulação dos vícios e desregramentos humanos (jogo, sexo, álcool, etc.) – por isto, alguns estudiosos afirmam que a vila de Migdal também era próspera

72. Vide a bibliografia geral ao final deste livro.
73. Há outros nomes que são mencionados na Bíblia que parecem sugerir tratar-se do mesmo lugar, como, por exemplo: Magadã, Magdol, Magido/Megido, Magadan, Magadã, etc.

nos "pecados" (e, talvez, esta fosse uma das fontes que originaram o equívoco a respeito de Miriam).

Ainda de acordo com as informações que constam nos Evangelhos, a vila de Migdal parece ter sido o local de nascimento de Miriam - por isto Miriam de Migdal, a que veio da vila de Migdal Madalena (em português: Maria de Magdala ou Maria Madalena).

No Evangelho de Mateus (15:39), por exemplo, o lugar aparece com o nome "*Magadan*", muito provavelmente um outro nome para o mesmo local (quem sabe, uma outra forma de se nomear aquela mesma região geográfica), - ou mesmo uma outra vila muito próxima da primeira, cujo nome fosse derivado daquela?

Há no Talmude (ou *Talmud* - outra raiz das tradições culturais judaicas) referências a dois lugares com o nome de Magdala (Migdal).

A primeira referência é a um lugar que ficava ao leste, na região conhecida por Yarmuk, próxima a Gadara (talvez a Jadar medieval, região que seria hoje Mukes), que era conhecida como de Magdala Gadar (ou Migdal Gadar).

E a outra vila, provavelmente mais conhecida que a anterior, localizada perto de Tiberíades e de Cafarnaum, que também era conhecida como Magdala Nunayya (Magdala/ Migdal do Peixes).

De acordo com o historiador judeu, que foi romanizado, Flávio Josefo (vide: A Guerra dos Judeus - III), existia uma cidade Galileia, que posteriormente também foi atacada e destruída pelos romanos, conhecida pelo nome grego de *Tarichææ* (Josefo não menciona o nome hebraico), que era rica devido às suas prósperas pescarias.

Atualmente pesquisas históricas e arqueológicas têm sido frequentes na região na qual provavelmente se localizava a antiga vila de Migdal dos tempos de Jesus e muitas novas descobertas foram feitas nas duas últimas décadas pelo menos.

Aguardemos as novidades das ciências citadas anteriormente. Vejamos, na língua portuguesa, alguns significados da "torre":

Torre[74] *– tor·re – sf – etimologia do lat turrim.*

Construção alta e sólida que antigamente servia para defesa em operações de guerra; fortaleza.

Construção alta e estreita, geralmente redonda ou quadrada, isolada ou junto a uma igreja, na qual se instalam sinos ou se transmitem ou recebem sinais a distância; campanário.

Construção alta e estreita, em geral redonda ou quadrada, anexa a um edifício, a fim de realçar-lhe o estilo e a beleza.

Estrutura elevada de madeira, concreto ou metal construída para diferentes finalidades, como, por exemplo, lançamento de foguetes ou mísseis, cabos de transmissão, suporte para antenas de rádio ou televisão etc.

Posto de observação ou de comando.

No jogo de xadrez, cada uma das quatro peças, situadas nos quatro cantos do tabuleiro ao se iniciar uma partida; roque.

Cada um dos edifícios de um conjunto de prédios.

Numa monotipo, a parte mais alta do teclado de onde a bobina de papel é desenrolada e onde estão os punções perfuradores.

Estrutura fortificada no interior da qual se montam os canhões de grosso calibre.

Pessoa corpulenta e muito alta.

Algumas expressões: *Torre de antena, Torre de Babel, Torre de comando, Torre de controle, Torre de homenagem, Torre de lançamento, Torre de marfim, Torre de salto, Torre de vigia, Fundar torres no vento (ter fantasias irrealizáveis, sonhar).*

Ora, não é necessário muito esforço mental para reconhecer a importância de uma *torre*.

74. In: http://michaelis.uol.com.br/busca?id=2ayZA.

Miriam, muito provavelmente, deve ter nascido e/ou vivido em Migdal – como o próprio Jesus era também conhecido como "Galileu" ou "de Nazaré" (veja: Paulo ***de Tarso***, Maria ***de Betânia***, Simão ***de Cirene***, etc.).

Era muito comum entre os discípulos de Jesus e, provavelmente naquele ambiente e contexto, o uso de "apelidos" (cognomes) como: *Simão, a pedra; os irmãos Boanerges; Simão, o zelote; Tiago, o justo;* et al.; muito provavelmente para facilitar a identificação da personagem em referência, e especialmente pelos homônimos naquela região.

E no caso de Maria (Miriam) ser tratada por Jesus como **"a torre"**, além de um simples nome de lugar, também poderia significar "***aquela que vê do lugar mais alto***", ou "***aquela que vê mais longe, porque estava acima dos demais***".

Isto não nos causa estranhamento, pois em diferentes textos apócrifos (como, por exemplo, ***Pistis Sophia***), Jesus constantemente elogia Maria Madalena por sua compreensão e interpretação das mensagens contidas na Boa-Nova.

Assim, muito provavelmente Miriam era, sim, a própria torre.

X – UMA HIPÓTESE

OBVIAMENTE, A POSIÇÃO (OU condição) social das mulheres judias deve ser realizada levando-se em conta, sempre, os contextos histórico-culturais - ou seja, a época, o lugar, o tempo, etc.

Entretanto, vamos descrever brevemente alguns aspectos da cultura judaica, especialmente os relacionados *à época* de Jesus, tendo como principal pano de fundo as Sagradas Escrituras.

A cultura judaica não permaneceu impermeável todo o tempo às influências dos demais povos antigos, embora o grande esforço que foi realizado, por séculos, para a manutenção das suas tradições - em especial relacionadas à família, à terra e à religião.

Nos tempos de Jesus os hábitos, os costumes, as normas, os padrões culturais eram bem diferentes dos que conhecemos hoje, certamente.

Os grupos sociais respectivamente de cada tribo, vila, vilarejo, povoado e/ou das cidades, eram variados em tamanho e em características. E, portanto, com regras e leis que regiam suas vidas.

Para o povo hebreu, de modo geral, a base das suas leis repousavam nos textos bíblicos (cujos sentidos e significados originais escapam aos nossos sentidos e entendimentos ocidentais, vale relembrar).

Contudo, para que tenhamos alguma ideia daqueles costumes podemos, por aproximação, tentar interpretar alguns trechos dos textos que possuímos (das traduções que chegaram até nós, nos dias atuais), sempre com os cuidados necessários e sem exageros.

Reconhecemos que havia mulheres que escaparam às tradições e quebraram paradigmas, como são consideradas Deborah (chamada "mãe dos Judeus"), Miriam, a irmã de Moisés, Rute ou Ester, entre outras poucas. Mas, de maneira ampla, os costumes atingiam a maioria delas.

Era comum, por exemplo, na antiga cultura judaica, durante as chamadas "bênçãos matinais", nas quais o homem (líder) da família recitava no início do dia. Uma delas dizia: *Bendito sejas Tu, Eterno, nosso Deus, Rei do Universo que não me fizeste mulher, tradição cultural hebraica. (conforme o "Talmud da Babilônia").*

No Antigo Testamento[75], podemos verificar que a mulher estava colocada entre as *coisas* que pertenciam ao marido, como lemos no livro *Êxodo* (20:1-17), citado anteriormente.

E em relação às muitas questões relacionadas às mulheres, de modo geral, também podemos perceber que *as filhas podiam ser vendidas* (Êxodo 21:7); ou ainda, que as mulheres eram consideradas impuras, quando menstruadas e que não podiam sequer ser tocadas, durante *sete dias* (Levítico 15:19-24).

O lar e as múltiplas atribuições domésticas deviam ser objetos da educação das meninas: *Toda a glória da filha do rei na sua casa* (Salmo 45:14); de onde se depreende que as mulheres honradas deviam permanecer nas suas casas. E, consequente-

75. Tradução das Leis e Escrituras judaicas; para os espíritas "A primeira revelação".

mente, havia certa interdição aos lugares públicos (que eram considerados espaços masculinos).

Ninguém melhor do que uma mulher judia contemporânea, para confirmar o que aqui escrevemos; com a palavra a Rabina Sandra Kochmann[76]: *(...) a presença de uma mulher num lugar público – na rua, no mercado, nos Tribunais, nas casas de estudo, nos eventos públicos ou nos cultos religiosos –, era considerada uma ofensa à sua dignidade de mulher.*

Outra autoridade em assuntos judaicos, Joachim Jeremias (1900-1979), também escreveu[77] sobre a condição geral das mulheres na sociedade judaica dos tempos de Jesus:

> No Oriente a mulher não participa da vida pública; o mesmo acontecia no judaísmo do tempo de Jesus, pelo menos entre as famílias judaicas fiéis à Lei. (...) As regras do decoro proibiam encontrar-se sozinho com uma mulher, olhar para uma mulher casada, e até mesmo cumprimentá-la. (...) Preferia-se que a mulher, especialmente a moça antes de seu casamento, não saísse de casa. (p. 473 e seguintes).

Podemos citar, ainda, outra grande autoridade em judaísmo, Nathan Ausubel, que escreveu dois volumes a respeito do "Conhecimento Judaico", na Enciclopédia Judaica[78]:

> (...) não se pode desprezar o fato de que a mulher judia fora colocada de forma negativa, e em pé de igualdade com o ateu e o escravo. O efeito dessa exclusão, quaisquer que fossem as razões, era o de atri-

76. *O lugar da mulher no judaísmo – in: http://www.pucsp.br/rever/rv2_2005/p_kochmann.pdf – Acesso em 04/10/2016)*
77. *Jerusalém nos tempos de Jesus*. 2 ed. São Paulo: Paulinas, 1986.
78. In: *Enciclopédia Judaica*. Rio de Janeiro: Koogan, 1989.

> buir-lhe um papel inferior na vida religiosa bem como na sociedade. (volume VI; p. 586)

E nos Evangelhos e demais livros que compõem o Novo Testamento[79] também se encontraram várias referências às condições/posições sociais das mulheres. E várias interdições das quais citamos algumas a seguir:

> As vossas mulheres estejam caladas nas igrejas; porque não lhes é permitido falar; mas estejam sujeitas, como também ordena a lei. (1 Coríntios Cap. 14:34).
>
> E, se querem aprender alguma coisa, interroguem em casa a seus próprios maridos; porque é vergonhoso que as mulheres falem na igreja. (1 Coríntios 14:35).
>
> Porque primeiro foi formado Adão, depois Eva. E Adão, não foi enganado, mas a mulher, sendo enganada, caiu em transgressão. (1 Tm 2:13-14).
>
> (...) o marido é a cabeça da mulher, como também Cristo é a cabeça da igreja. (Ef 5:23).
>
> Porque o varão não provém da mulher, mas a mulher do varão. Porque também o varão não foi criado por causa da mulher, mas a mulher por causa do varão. Todavia, nem o varão é sem a mulher, nem a mulher sem o varão, no Senhor. Porque, como a mulher provém do varão, assim também o varão provém da mulher, mas tudo vem de Deus. (1 Co 11:8-12).
>
> (...) como Sara obedecia a Abraão, chamando-lhe senhor; da qual vós sois filhas, fazendo o bem. (1 Pd 3:5-6).
>
> (...) mulheres néscias carregadas de pecados, levadas de várias concupiscências. (2 Tm 3:6)
>
> A mulher aprenda em silêncio, com toda a sujei-

79. Para a doutrina espírita a "segunda revelação".

> ção. Não permito, porém que a mulher ensine, nem use de autoridade sobre o marido (ou "sobre o homem" conforme algumas versões), mas que esteja em silêncio. (1 Tm 2:11-12).

Nossa opinião é a de que Jesus quebrou, sim, vários padrões culturais de sua época, entre eles alguns que diziam respeito aos relacionamentos com as mulheres; o que não nos causa espanto algum porque estamos lidando com o Governador do nosso diminuto orbe, um dos membros das Comunidades Crísticas do Universo, ele está entre os eleitos do Senhor.

O principal exemplo que apresentaremos aqui é o da mulher samaritana, como está narrado no Evangelho de João (Cap. 4: 4-28):

> E era-lhe necessário passar por Samaria. Foi, pois, a uma cidade de Samaria, chamada Sicar, junto da herdade que Jacó tinha dado a seu filho José. E estava ali a fonte de Jacó. Jesus, pois, cansado do caminho, assentou-se assim junto da fonte. Era isto quase à hora sexta. Veio uma mulher de Samaria tirar água. Disse-lhe Jesus: Dá-me de beber. Porque os seus discípulos tinham ido à cidade comprar comida. **Disse-lhe, pois, a mulher samaritana: Como, sendo tu judeu, me pedes de beber a mim, que sou mulher samaritana? (porque os judeus não se comunicam com os samaritanos).** Jesus respondeu, e disse-lhe: Se tu conheceras o dom de Deus, e quem é o que te diz: Dá-me de beber, tu lhe pedirias, e ele te daria água viva. Disse-lhe a mulher: Senhor, tu não tens com que a tirar, e o poço é fundo; onde, pois, tens a água viva? És tu maior do que o nosso pai Jacó, que nos deu o poço, bebendo ele próprio dele, e os seus filhos, e o seu gado? Jesus respondeu, e disse-lhe: Qualquer que beber

> desta água tornará a ter sede; mas aquele que beber da água que eu lhe der nunca terá sede, porque a água que eu lhe der se fará nele uma fonte de água que salte para a vida eterna. Disse-lhe a mulher: Senhor, dá-me dessa água, para que não mais tenha sede, e não venha aqui tirá-la.(...). (crivos do autor).

Há muito simbolismo neste pequeno trecho destacado – desde a referência ao fundador "Pai Abrahão", passando pelos diferentes significados do "poço", da "água", da "vida", etc.; aspectos importantes que merecem atenção e análise em separado[80] e que não cabem aqui.

Façamos algumas breves observações, que merecem reflexões, a respeito daquela atitude de Jesus: *a) Ele conversa com uma mulher; b) Em um lugar público; c) Ela era uma samaritana e, nas mais antigas tradições judaicas, os samaritanos não eram considerados "boa gente".*

São várias lições em um pequeno exemplo. Podemos indagar: e as proibições culturais? E as interdições às mulheres? Onde ficam?

Caberia perguntar também, quem escreveu aquelas tradições, as interdições, as regras sociais? Estariam aqueles legisladores acima de Jesus, em moral e em conhecimentos?

Na narrativa evangélica os próprios discípulos, quando retornaram, ficaram "surpresos" com a atitude ousada de Jesus, mas nenhum deles fez qualquer comentário.

As mulheres que seguiam e serviam a Jesus

Pois bem, e as mulheres que seguiam e serviam a Jesus (e

80. De modo geral, todas as frases do Livro Sagrado são permeadas e impregnadas de múltiplos e profundos significados, que somente a análise mais detalhada permite vislumbrar.

ao seu grupo), como ficavam naquelas circunstâncias, naquele contexto?

As pessoas que leem e/ou estudam o Novo Testamento estão mais familiarizadas com a presença dos "fariseus", mas vale relembrar que eles *fiscalizavam as leis e os costumes*. Aquele grupo ocupava posição de destaque nos templos, principalmente, no Grande Templo de Jerusalém.

Como fiscais e policiais da ordem social, da moral e da vida cultural judaica no tempo de Jesus, os fariseus procuravam todo e qualquer sinal de transgressão, para que fosse aplicada a devida punição no transgressor.

Em vários momentos Jesus foi confrontado pelos fariseus, que o seguiam e observavam de perto - obviamente, com o intuito de vigiá-lo, prendê-lo e, se possível, o eliminar.

Devemos, mais uma vez, indagar: *como, então, naquela sociedade e naquele contexto, onde muitos se conheciam e conviviam, estando sob os olhos atentos dos fariseus (entre outros fiscais das normas e dos costumes), um grupo de mulheres seguia e servia a Jesus e aos seus discípulos?*

Os fariseus astutos e pouco amistosos como eram, permitiriam tal atitude sem qualquer manifestação de discórdia, sem proibições? Porque aquela prática ocorria "na contramão" das leis e dos costumes daquela sociedade altamente tradicionalista.

Como podemos entender, por exemplo, uma mulher casada, Joana de Cuza (um oficial de Herodes Antipas), que seguia e servia a Jesus (vide: Lucas 8:3; 23:55 e 24:10)? E mais ainda, ela retirava dinheiro do seu esposo para dar a Jesus e seus doze seguidores? E ninguém faz sequer um comentário a respeito?

E as outras mulheres que também acompanhavam aqueles homens? Como era possível isto?

Por que não há qualquer palavra proibitiva por parte dos fariseus, os policiais e fiscais do judaísmo?

E se aquelas mulheres fossem muito mais que meras seguidoras e/ou servidoras?

Nossa hipótese

Quando lemos em Marcos (Cap. 6:3): *Não é este o carpinteiro, filho de Maria, e irmão de Tiago, e de José, e de Judas e de Simão?* ***e não estão aqui conosco suas irmãs?*** *E escandalizavam-se nele.* (negritos do autor).

Os evangelistas (ou quem escreveu o texto) sempre fazem referências às irmãs, ou seja, eles usaram o plural ***"suas irmãs"***, portanto, *havia mais que uma (no mínimo duas).*

Muito provavelmente, entre os nomes das mulheres que foram citadas e que acompanhavam Jesus (e vários outros homens), desde a Judeia, estivesse a identificação das suas irmãs consanguíneas.

Caso as mulheres mencionadas (inclusive Joana, a que era casada,) fossem as irmãs consanguíneas de Jesus, não causaria espanto ou reprimenda naquela comunidade, naquele tempo e naquele contexto - inclusive sob a severa fiscalização e observação dos fariseus (e demais zeladores).

Os nomes dos irmãos de Jesus foram citados - vale relembrar, porque eram homens vivendo em uma sociedade androcêntrica, machista e excludente -, mas os nomes das irmãs foram omitidos, obviamente, pelas mesmas razões.

Deste modo, não haveria proibições, reprovações, comentários negativos e/ou restritivos, caso *as mulheres citadas nominalmente como seguidoras e servidoras*, fossem irmãs consanguíneas de Jesus - que também, como se pode deduzir, era seguido por um, ou mais, dos seus irmãos consanguíneos (*José, Tiago, Simão e Judas*).

Os nomes dos ancestrais

Entre as antigas tradições culturais judaicas também era comum, vale ressaltar, a repetição dos nomes familiares, talvez, como uma espécie de culto-homenagem aos ancestrais, aos antepassados.

Os meninos mais velhos, os primogênitos, podiam receber o nome do pai[81] (ou o nome do avô paterno), e as meninas mais velhas podiam receber o nome da mãe.

Do casal José (Yose/Iossef) e Maria (Miriam), Jesus foi o primogênito, mas o seu nome fora anunciado por um Anjo do Senhor e por obediência e respeito foi mantido conforme anunciado.

Entretanto, caso o segundo filho, tivesse sido um menino a família poderia, seguindo as tradições, ter lhe dado o nome do pai: José (Yose/Iossef).

Do mesmo modo, era costume que entre as meninas de uma família, a filha mais velha recebesse o nome da mãe; e no caso da família de Jesus, a filha mais velha podia ter recebido o mesmo nome da mãe: Maria (Miriam).

Vale relembrar que Miriam era o nome da heroína adolescente, irmã de Moisés, que seguiu o cesto do menino, pelas perigosas margens do rio Nilo; este era um dos motivos do uso daquele nome e das homenagens.

A família de Jesus nas sombras da história

Com o passar dos séculos, ocorreu o processo de *endeusamento* de Jesus e, consequentemente, de sua mãe Maria. Evidentemente, foi por meio dos Concílios da nascente Igreja Católica Romana que Jesus se tornou Deus.

---

81. Equivalente ao "Junior" dos nossos dias.

E sob tais sombras culturais e dobras históricas a família consanguínea (o pai, a mãe, os irmãos e as irmãs), foram ressignificados, minimizados, enfraquecidos, excluídos e até mesmo estigmatizados.

Consequentemente, quando Jesus foi transformado em Deus, sua mãe Maria se tornou a "mãe de Deus", então novos padrões, novos símbolos e novos discursos foram produzidos para sancionar, confirmar e reforçar a ideia construída e adotada.

Neste confuso processo de reformulações José perdeu a paternidade biológica, os irmãos se transformaram em primos (ou ainda foram considerados como filhos de outro casamento de José.) e Maria foi considerada "virgem perpétua" (ou seja, antes, durante a após o nascimento de Jesus).

Diante de tudo isto, expomos a nossa opinião a seguir.

Adentrando e caminhando no terreno movediço das hipóteses a respeito de Miriam de Migdal (e elas são muitas, como, por exemplo, as que vão: *desde a pecadora arrependida, a prostituta, a esposa, etc.*), vamos aqui acrescentar a que nos parece bastante razoável e até mesmo possível.

A nossa hipótese é que: *a filha mais velha do casal Yose/Iossef e Miriam, também se chamava Miriam. Por motivos desconhecidos e diversos ela poderia, sim, ter fixado residência em Migdal (por um contrato de casamento, que não se concretizou, talvez, pela morte do pretendente, por exemplo? Ou ela ficou viúva e herdeira ainda muito jovem? A perda de um grande amor pode ser motivo de loucura e/ou obsessão. Ou ainda, porque ela podia ter sido afastada do convívio familiar para tratar de doença grave, antes mesmo de Jesus iniciar sua vida pública: os sete demônios?).*

Depois de algum tempo, Jesus podia ter reencontrado sua irmã adoecida e a curou, ela reconhecida e agradecida, passa a segui-lo e a servi-lo.

Provavelmente, um profundo e puro amor fraterno, associado à admiração verdadeira, de uma irmã por seu irmão mais velho e mestre espiritual, pudessem explicar muitas coisas.

E, entre as várias mulheres do seu convívio direto, o Rabi da Galileia escolheu uma para vê-lo surgir, luminoso e gloriosamente, após o acontecimento da crucificação: ***Miriam de Migdal. Miriam, a torre.***

"Vá, e diga aos meus irmãos que você me viu."

ADENDO

As mulheres e a doutrina espírita:
algumas palavras

UM DOS PRINCÍPIOS ELEMENTARES do espiritismo[82] é o da reencarnação.

Assim, diante do fenômeno das múltiplas existências, a questão do sexo que define o corpo físico é muito clara: podemos ocupar, em diferentes existências, ora um corpo masculino, ora um corpo feminino.

Os espíritos não possuem sexo e podem reencarnar em corpos masculinos ou femininos, de acordo com as suas necessidades evolutivas e educativas. Deste modo, a reencarnação deveria, em tese, fazer desaparecer os preconceitos de sexo (assim como os de cor, os de raça, etc.).

E, analisando de forma mais detida, ainda que o corpo

82. Expressão criada por Allan Kardec, que define os seguidores da doutrina espírita.

masculino possa deter algumas características físicas que possibilitem maior "força muscular" (o que não é uma regra geral), e que o corpo feminino seja dotado de características e condições para a gravidez (e que também não é um padrão geral), as demais funções físicas e fisiológicas, guardadas as características específicas de cada sexo, são as mesmas.

E, mesmo que possuam funções específicas diferentes ou diferenciadas (o que não significa dizer que uma é mais importante que a outra ou que uma é superior a outra), delimitadas pelos respectivos corpos físicos que ocupem em dada existência, homens e mulheres devem caminhar lado a lado, na escalada evolutiva.

Para ratificar o nosso argumento, vejamos o que está escrito em *O Livro dos Espíritos:*

QUESTÃO 201. O espírito que animou um corpo de um homem, em uma nova existência, pode animar o de uma mulher, e vice-versa?

RESPOSTA – Sim, são os mesmos espíritos que animam os homens e as mulheres.

QUESTÃO 202. Quando se é espírito, prefere-se encarnar no corpo de um homem ou de uma mulher?

RESPOSTA –Isso pouco importa ao espírito; ele escolhe segundo as provas que deve suportar. Os espíritos se encarnam homens ou mulheres porque eles não têm sexos. Como devem progredir em tudo, cada sexo, como cada posição social, lhe oferece provas e deveres especiais, além da oportunidade de adquirir experiência. Aquele que fosse sempre homem não saberia senão o que sabem os homens.

E, mais adiante no mesmo livro, encontramos nas questões seguintes e suas respectivas respostas:

QUESTÃO 817. Diante de Deus, o homem e a mulher são iguais e têm os mesmos direitos?

RESPOSTA - Deus não deu a ambos a inteligência do bem e do mal e a faculdade de progredir?

QUESTÃO 818. De onde se origina a inferioridade moral da mulher em certos países?

RESPOSTA - Do império injusto e cruel que o homem tomou sobre ela. É um resultado das instituições sociais e do abuso da força sobre a fraqueza. Entre os homens pouco avançados, do ponto de vista moral, a força faz o direito.

QUESTÃO 819. Com que objetivo a mulher é fisicamente mais fraca do que o homem?

RESPOSTA - Para lhe assinalar funções particulares. O homem é para os trabalhos rudes, por ser o mais forte; a mulher para os trabalhos suaves, e ambos para se entreajudarem nas provas de uma vida plena de amargura.

Nada justifica, também em termos doutrinários espíritas, quaisquer formas ou tipos de preconceitos - que sempre denotam e demonstram ignorância, raciocínio obtuso e estreito -, porque mais do que qualquer outro motivo, a reencarnação faz todos os preconceitos caírem por terra.

Certamente, os preconceitos ainda se nos apresentam suas faces cruéis e desumanas, e devem ser banidos, inclusive dos meios espíritas. Este é um estado de consciência que se deseja - o que não corresponde às realidades espiritistas gerais.

É evidente, por exemplo, no chamado movimento espírita a ocupação majoritária das mulheres nas casas espíritas, seja nos trabalhos assistenciais, nos atendimentos fraternos, nos passes, nas práticas mediúnicas, etc.

Embora, contraditoriamente, as direções das mesmas casas, muitas vezes, sejam exercidas/ocupadas por homens (há várias exceções, claro).

Léon Denis, contemporâneo e amigo de Kardec, também

autor de diversas obras espíritas, afirma o seguinte a respeito do assunto:

> O corpo não é mais que uma forma tomada por empréstimo; a essência da vida é o espírito, e nesse ponto de vista o homem e a mulher são favorecidos por igual. Pelo espiritismo se subtrai a mulher do vértice dos sentidos e ascende à vida superior. Cessa, desde então, a luta entre os dois sexos.[83]

Parece-nos que, mesmo nas casas espíritas, muito caminho há ainda para percorrer no sentido de minimizar determinados hábitos, costumes e/ou tradições.

Assim, de acordo com a doutrina dos espíritos, não há (ou não deveria haver) distinções e/ou privilégios entre homens e mulheres. Não existe "sexo forte" e/ou "sexo fraco" (existem, infelizmente ainda, "cérebros fracos" e "preconceitos fortes".).

E, nestes graves tempos de transição planetária, vejamos ainda mais uma vez o exemplo do Cristo.

O próprio Jesus, ao que nos parece, combateu algumas tradições machistas de sua época e do seu povo, ao lidar diretamente com algumas mulheres – fatos que foram demonstrados/descritos em várias e diferentes passagens evangélicas.

Dedico este modestíssimo livro a Maria Madalena e a todas as mulheres de hoje, de ontem e de amanhã (estejam elas do lado de cá ou do lado de lá da vida), com toda a minha sinceridade e humildade, como se fosse um buquê de rosas de

83. LÉON DENIS, *No invisível*. Rio de Janeiro: FEB, 1973. (págs. 78 a 80).

luz orvalhadas com gotas da fragrância do mais singelo amor fraterno e cristão.

Aproveito este espaço para apresentar aqui, publicamente, os meus mais sinceros pedidos de desculpas às mulheres que tenha magoado e/ou ofendido, em qualquer momento desta vida (ou mesmo de outras vidas), por meio da minha pequenez espiritual, quer devido à minha animalidade obtusa, quer por causa da minha ignorância infeliz.

Tenho aprendido, em cerca de meio século de existência terrestre e sob um grande e penoso esforço para minha alma aprendiz, que cada lágrima gerada no coração de uma mulher será, sempre, um punhal incandescente cravado nas consciências culpadas de quem as gerou. Cada ofensa feita surge como um espinho em brasa, ardendo e queimando, por séculos e séculos. Até que, pela misericórdia divina, a devida reparação seja feita, até que as lágrimas se transformem em sorrisos singelos.

Que o Supremo Senhor do Universo as abençoe e que o mestre Jesus as ilumine e proteja, hoje e sempre.

Niterói-RJ, primavera de 2016
O autor.

Referências

ARRUDA, Lúcia. *As mulheres na vida de Jesus. A história das primeiras discípulas*. São Paulo: Paulus, 2011.

BOER, Esther de. *Maria Madalena. Discípula, apóstola e mulher*. São Paulo: Madras, 1999.

BOGADO, Anna Patrícia Chagas. *Maria Madalena. O feminino na luz e na sombra*. Rio de Janeiro: Lucerna, 2005.

BURSTEIN, Dan & KEIJZER, Arne J. *A verdadeira história de Maria Madalena. Os segredos da mulher mais instigante da Bíblia*. Rio de Janeiro: Ediouro, 2006.

BAIGENT, Michael; LEIGH, Richard & LINCOLN, Henry. *O santo graal e a linhagem sagrada*. Rio de Janeiro: Nova Fronteira, 1993.

BECKER, Udo. *Dicionário de símbolos*. São Paulo: Paulus, 1999.

CAMARGO-MORO, Fernanda de. *Arqueologia de Maria Madalena. Uma busca histórica da companheira de Jesus*. Rio de Janeiro: Record, 2005.

CIRLOT, Juan-Eduardo. *Dicionário de símbolos*. São Paulo: Centauro, 2005.

Chevalier, Jean & Gheerbrant, Alain. *Dicionário de símbolos*. Rio de Janeiro: José Olympio, 1994.

Davis, John. *Novo dicionário da Bíblia. Ampliado e atualizado*. São Paulo: Hagnos, 2005.

Douglas, J. D. *O novo dicionário da Bíblia*. São Paulo: Vida Nova, 2003.

Ehrman, Barth. *Pedro, Paulo e Maria Madalena. A verdade e a lenda sobre os seguidores de Jesus*. Rio de Janeiro: Record, 2008.

Ferraz, Selma (Org.). *Maria Madalena. Das páginas da Bíblia para a ficção. Textos críticos*. Maringá: Eduem, 2011.

Filho, Jomar F. P. *A identidade secreta de Maria Madalena*. S/ local: Isis, 2009.

Gardner, Laurence. *O legado de Maria Madalena*. São Paulo: Madras, 2005.

Garr-Comm, Sarah. *Dicionário de símbolos na arte*. São Paulo: EDUSC, 2004.

Heinz-Mohr, Gerd. *Dicionário dos símbolos. Imagens e sinais da arte cristã*. São Paulo: Paulus, 1994.

Jeremias, J. *Jerusalém nos tempos de Jesus. Pesquisa de história econômico-social no período neotestamentário*. São Paulo: Paulinas, 1983.

Jung, Carl G. *O homem e seus símbolos*. Rio de Janeiro: Nova Fronteira, 2008.

Leloup, Jean-Yves. *Jesus e Maria Madalena. Para os puros tudo é puro*. Rio de Janeiro: Vozes, 2007.

________. *O evangelho de Felipe*. Rio de Janeiro: Vozes, 2006.

________. *O romance de Maria Madalena. Uma mulher incomparável*. São Paulo: Verus, 2004.

________. *O evangelho de Maria. Miriam de Mágdala*. Rio de Janeiro: Vozes, 2005.

Lexikon, Herder. *Dicionário de símbolos*. São Paulo: Cultrix, 2002.

Lurker, Manfred. *Dicionário de figuras e símbolos bíblicos*. São Paulo: Paulus, 1993.

McKenzie, John L. *Dicionário bíblico*. São Paulo: Paulus, 1984.

Messadié, Gerald. *O enigma Maria Madalena*. Rio de Janeiro: Bertrand Brasil, 2004.

Monloubou, L. & Buit, F. M. *Dicionário bíblico universal*. Rio de Janeiro: Vozes, 2003.

Nagatomo, Priscila C. *A mulher mais misteriosa do Novo Testamento. Maria Madalena*. São Paulo: Reflexão, 2008.

Ordem do Graal na Terra. *Maria Madalena*. São Paulo: OGT, 2005.

Pires, José Herculano. *Madalena. Do amor sensual para o espiritual*. São Paulo: Edicel, 1987.

Pfeiffer, Charles et alii. Wycliffe. *Dicionário bíblico*. Rio de Janeiro: CPAD, 2011.

Prophet, Elizabeth C. *Maria Madalena. O lado feminino da divindade*. Rio de Janeiro: Nova Era, 2007.

Rops, Daniel. *A vida quotidiana na Palestina no tempo de Jesus*. Lisboa: Livros do Brasil, s/data.

Sebastiani, Lilia. *Maria Madalena. De personagem do Evangelho a mito de pecadora redimida*. Rio de Janeiro: Vozes, 1995.

Starbird, Margaret. *Maria Madalena, a noiva no exílio*. São Paulo: Cultrix, 2006.

________. *Maria Madalena e o Santo Graal. A mulher do vaso de alabastro*. Rio de Janeiro: Sextante, 2004.

Tafur, Juan. *A paixão de Maria Madalena*. São Paulo: Planeta, 2005.

Vieira, Marco Antônio. *O homem de Nazaré*. 2ª. ed. Rio de Janeiro: Ed. CELD, 2011.

Welborn, Amy. *Decodificando Maria Madalena. A verdade, as lendas e as mentiras*. São Paulo: Cultrix, 2006.

Youngblood, Ronald F. *Dicionário ilustrado da Bíblia*. São Paulo: Vida Nova, 2004.

Mídias digitais:

Urstein, Dan. *Segredos de Maria Madalena*. DVD. Europa Filmes, Brasil. 2007.

Dias, Maria Julieta M. & Pinto, Paulo M. *Maria de Magdala a mulher. A construção do culto o caminho dos mitos*. Disponível em:<www.triplov.com/espirito/maria_de-magdala>. Acesso em: 14/07/2011.

Loes, João. *As mulheres da vida de Jesus*. Disponível em: <www.istoe.com.br/reportagens> Acesso em: 06/11/2011.

MARIA MADALENA: APÓSTOLA DE JESUS. Documentário. History Channel. Disponível em: <http://seuhistory.com/biografias/maria-madalena>. Acesso em: 12/10/2016.

MARIA MADALENA. A HISTÓRIA REVELADA. DVD. Vision Tv International, Canadá. 2007.

MARIA MADALENA E OS CÁTAROS. Documentário. Discovery Channel. Disponível em:<www.dyscovery.com>. Acesso em: 12/07/2014.

Rosa, Luiz da. *Maria Madalena*. Disponível em: <www.abiblia.org/artigosview>. Acesso em: 03/11/2011.

VOCÊ PRECISA CONHECER

O Evangelho de Maria Madalena

José Lázaro Boberg

Estudo • 14x21 • 256pp.

Neste livro, José Lázaro Boberg busca reconstruir a verdade sobre Maria Madalena, uma das personagens femininas mais fortes da literatura antiga e que está presente nas reflexões espíritas. O que dizem os outros evangelhos? Ela foi esposa de Jesus? Foi prostituta? Foi a verdadeira fundadora do cristianismo?

As surpresas da cidade espiritual Nosso Lar

Isabel Scoqui e Marco Antônio Vieira

Estudo • 14x21 cm • 192 pp.

As surpresas da cidade espiritual Nosso Lar, excelente livro escrito em parceria, onde Isabel Scoqui apresenta e explica de forma clara e envolvente os importantes detalhes da cidade e da vida de André Luiz, enquanto Marco Antônio Vieira coloca à sua disposição um completo índice de assuntos, termos e personagens presentes em Nosso Lar, ideal para estudiosos e pesquisadores.

Triunfo de uma alma

Ricardo Orestes Forni

Biografia • 14x21 • 200pp.

Yvonne do Amaral Pereira teve imensa força interior para realizar o triunfo de uma alma em sua última reencarnação. Mais do que uma homenagem, este livro é um importante alerta a todos nós viajantes na estrada evolutiva, sobre a colheita da semeadura que realizamos na posse de nosso livre-arbítrio.

VOCÊ PRECISA CONHECER

A vingança do judeu
Vera Kryzhanovskaia / J. W. Rochester (espírito)
Romance mediúnico • 16x22,5 • 424 pp.
O clássico romance de Rochester agora pela EME, com nova tradução, retrata em cativante história de amor e ódio, os terríveis fatos causados pelos preconceitos de raça, classe social e fortuna e mostra ao leitor a influência benéfica exercida pelo espiritismo sobre a sociedade.

Getúlio Vargas em dois mundos
Wanda A. Canutti / Eça de Queirós (espírito)
Romance mediúnico • 16x22,5 • 344pp.
Getúlio Vargas realmente suicidou-se? Como foi sua recepção no mundo espiritual? Qual o conteúdo da nova carta à nação, escrita após sua desencarnação? Saiba as respostas para estas e outras perguntas, agora em uma nova edição, com nova capa, novo formato e novo projeto gráfico.

Mensagens de saúde espiritual
Wilson Garcia
Autoajuda • 10x14 • 124pp.
"A leitura (e releitura) deste livro de bolso muito me ajudou na sustentação do nível vibratório elevado. Abençoadas mensagens! Toda pessoa, sã ou enferma, do corpo ou da alma, deveria ter esse livreto luminoso à cabeceira e ler uma mensagem por noite"

Do jornalista e médium
Jorge Rizzini, em 1994.

Não encontrando os livros da EME na livraria de sua preferência, solicite o endereço de nosso distribuidor mais próximo de você através de
Fones: (19) 3491-7000 / 3491-5449
(claro) 99317-2800 (vivo) 99983-2575
E-mail: vendas@editoraeme.com.br – Site: www.editoraeme.com.br